Das Haus aus Luft

Gonzalo Rojas
Das Haus aus Luft

Gedichte 1936-2005

Herausgegeben von

Instituto Cervantes Bremen

Atlantik

Bibliographische Informationen Der Deutschen Bibliothek
Die Deutsche Bibliothek verzeichnet diese Publikation in der Deutschen Nationalbibliographie; detaillierte bibliographische Daten sind im Internet über http://dnb.ddb.de abrufbar.

© 2005 für die deutschsprachige Ausgabe
by Instituto Cervantes Bremen
Schwachhauser Ring 124, D-28209 Bremen
Tel.: 0421-340390, Fax: 0421-3499964
E-mail: cenbre@cervantes.es

Ausgewählt und aus dem chilenischen Spanisch übersetzt
von Dr. Reiner Kornberger

Direktor des Instituto Cervantes: César Antonio Molina
Direktorin des Instituto Cervantes Bremen: Mercedes de Castro
Koordination der Ausgabe: Manfred Bös
http://www.cervantes.es
http://bremen.cervantes.es
http://cervantes-bremen.de

Erschienen in der Atlantik Verlags- und Mediengesellschaft
Hemmstr. 212, D-28215 Bremen
Tel.: 0421-382535 * Fax: 0421-382577
E-mail: info@atlantik-verlag.de, www.atlantik-verlag.de

Umschlaggestaltung:	Atlantik
Umschlagfoto:	Alba Santos Sevil
Gesamtherstellung:	Roland Kofski, Bremen

Alle Rechte vorbehalten! Auch auszugsweise Wiedergabe oder Nachdruck nur mit Genehmigung des Instituto Cervantes Bremen.

ISBN 3-926529-48-2
NIPO 503-05-051-X

Índice

Presentación, *Mercedes de Castro,*   10
   Directora del Instituto Cervantes de Bremen
A mis amigos de la Biblioteca del Instituto Cervantes   14
   Bremen, *Gonzalo Rojas*

Los Poemas
  Concierto
    Latín y jazz   34
    Acorde clásico   36
    Para órgano   38
    Remando en el ritmo   42
    La palabra   44
    Al fondo de todo esto duerme un caballo   46
    Ejercicio respiratorio   48
    Adiós a Hölderlin   50
    Paul Celan   54
    Concierto   56
    Las sílabas   58
    Oficio Mayor   60
    Tabla de aire   62
    Tres rosas amarillas   64
    Scardanelli   66
    Saludos a Tzara   68
    Carmen cárminis   70
    André Breton cumple cien años y está bien   72
    Los verdaderos poetas son de repente   74
    Cuatro novelas   78
  ¿Qué se ama cuando se ama?
    Perdí mi juventud en los burdeles   82
    Carta del suicida   86
    Drama pasional   88
    Cítara mía   90
    Los amantes   92
    El fornicio   94
    Playa con andróginos   98
    ¿Qué se ama cuando se ama?   100
    A quien vela, todo se le revela   102
    Qedeshím Qedeshóth   106
    Dos sillas a la orilla del mar   110

Inhaltsverzeichnis

Vorwort, *Mercedes de Castro*, 11
Direktorin des Instituto Cervantes Bremen
An meine Freunde der Bibliothek des Instituto 15
Cervantes Bremen, *Gonzalo Rojas*
Armselige Umherirrende, unsere Silben – Leben und 17
Werk des Gonzalo Rojas, *Reiner Kornberger*

Die Gedichte
Konzert
Latein und Jazz 35
Klassischer Akkord 37
Für ein Instrument 39
Rudernd im Rhythmus 43
Das Wort 45
Auf dem Grund von all dem schläft ein Pferd 47
Atemübung 49
Abschied von Hölderlin 51
Paul Celan 55
Konzert 57
Die Silben 59
Hauptamt 61
Tafel aus Luft 63
Drei gelbe Rosen 65
Scardanelli 67
Grußworte für Tzara 69
Carmen carminis 71
André Breton wird hundert und es geht ihm gut 73
Die wahren Dichter sind's plötzlich 75
Vier Romane 79

Was liebt man, wenn man liebt?
Meine Jugend verlor ich in den Bordellen 83
Brief des Selbstmörders 87
Drama der Leidenschaft 89
Meine Lyra 91
Die Liebenden 93
Die Fleischeslust 95
Strand mit Androgynen 99
Was liebt man, wenn man liebt? 101
Dem Wachenden enthüllt sich alles 103
Qedeshím qedeshóth 107
Zwei Liegen am Meeresufer 111

Qué bueno ir lejos en el cuerpo de las mujeres hermosas	112
Carta de amor	114
No escribas diez poemas a la vez	116
Enigma de la deseosa	118
Asma es amor	120
Teresa	122

¿Quién me llama en la niebla?

Al silencio	128
Los niños	130
Los días van tan rápidos	132
Oscuridad hermosa	136
Juguemos al gran juego	138
Elohím	140
Contra la muerte	142
El espejo	146
Daimon del domingo	148
Del animal que me rodea a medida que voy saliendo	150
Versículos	152
Ochenta veces nadie	154

Época mía la turbia

Carbón	162
Los letrados	166
Domicilio en el Báltico	168
Reversible	170
Octubre ocho	174
Transtierro	178
El recién nacido	180
El helicóptero	182
Aquí cae mi pueblo	184
Coro de los ahorcados	186
Veneno con lágrimas	188
El señor que aparece de espaldas	190
Materia de testamento	192
Alemania en el seso	196
Flexiones, pero no genuflexiones	198

Bibliografía de Gonzalo Rojas   218

Anexo: 225
Fotos personales y bibliografía selecta

Wie gut, weit zu schweifen im Körper der schönen Frauen	113
Liebesbrief	115
Schreib nicht zehn Gedichte auf einmal	117
Rätsel der Begehrenden	119
Asthma ist Liebe	121
Theresa	123

Wer ruft nach mir im Nebel?

An die Stille	129
Die Kinder	131
Die Tage eilen so rasch dahin	133
Schöne Dunkelheit	137
Spielen wir das große Spiel	139
Elohim	141
Wider den Tod	143
Der Spiegel	147
Sonntagsdaimon	149
Von dem Tier, das mich umgibt, derweil ich schlüpfe	151
Sprüche	153
Achtzig Mal Niemand	155

Meine ach so wirre Zeit

Kohle	163
Die Gelehrten	167
Ostsee-Domizil	169
Reversibel	171
Achter Oktober	175
Exil	179
Der Neugeborene	181
Der Hubschrauber	183
Hier fällt mein Volk	185
Chor der Gehenkten	187
Gift mit Tränen	189
Der Herr, den man von hinten sieht	191
Testamentsbekundung	193
Deutschland im Hirn	197
Beugen ja, Kniebeugen nein	199

Rede anlässlich der Verleihung des Premio Cervantes, *Gonzalo Rojas*	201
Lebensdaten von Gonzalo Rojas	211
Bibliographie Gonzalo Rojas	218
Vita des Mitherausgebers und Übersetzers	223
Anhang: **Bilder zur Biographie und ausgewählte Buchtitel**	225

Presentación

Presentar, hoy y aquí, este trabajo monográfico sobre Gonzalo Rojas es un privilegio y una gratísima tarea. Con esta publicación, el Instituto Cervantes de Bremen se propone difundir la obra del poeta, lo cual es un acto de justicia y un placer, porque pocos placeres hay tan plenos como leer el jugosísimo verbo de Rojas.

Como ustedes saben, cada una de las bibliotecas de los distintos institutos Cervantes lleva el nombre de escritores galardonados con el Premio Cervantes. Así, la biblioteca del Instituto de Berlín se llama «Mario Vargas Llosa» y la de París, «Octavio Paz», por citar sólo dos ejemplos: el de un peruano y el de un mexicano, dos nacionalidades; tres, contando con la de nuestro chileno, que da nombre a la biblioteca de nuestro Instituto, y una sola patria común, la lengua, el referente espiritual que nos hermana a todos, americanos y europeos, desde el siglo XVI. Nuestra lengua, idéntica y diversa en su evolución, a partir del viejo tronco del romance que se hablaba en Castilla, ha ido enriqueciéndose, desde entonces, gracias a la vitalidad de las repúblicas americanas. Si convenimos en que el apellido es, ante todo, un *apelar* a la estirpe y que ello confiere no poca responsabilidad al individuo que lo ostenta, el acto de bautizar a nuestra biblioteca «Gonzalo Rojas» no sólo es un motivo de legítimo orgullo, sino también una obligación de atesorar cuantos más y mejores libros podamos.

Gonzalo Rojas no es un extraño para Alemania. En su juventud, en Valparaíso, dio clases en el Colegio Alemán y, más tarde, tras el golpe de estado de 1973, se exilió en Rostock, donde fue *Professor*, hasta 1975. Tampoco es un extraño para Bremen. Poco antes de que se le entregara el Premio Cervantes, en el año 2003, tuvimos la fortuna de que nos visitara y la, mayor aún, de que nos leyera sus versos. Otra feliz coincidencia es que su traductor al alemán, Reiner Kornberger, a quien debemos la versión de todos los poemas publicados en este monográfico, sea profesor en

Vorwort

Hier und heute diese Monographie zu Gonzalo Rojas vorzustellen, ist ein Privileg und eine willkommene Aufgabe. Mit der Veröffentlichung setzt das Instituto Cervantes Bremen seinen Vorsatz in die Tat um, den Dichter einem deutschsprachigen Publikum zugänglich zu machen und ihm Gerechtigkeit widerfahren zu lassen, denn die Begegnung mit seiner lebendigen Dichtung ist ein wahrhaft erlesenes Vergnügen.

Wie Sie wissen, trägt jede Bibliothek der Institutos Cervantes den Namen eines mit dem «Premio Cervantes» ausgezeichneten Autors. So wurde die Bibliothek des Instituto Cervantes in Berlin auf den Namen «Mario Vargas Llosa» getauft und in Paris benannte man die Bibliothek des dortigen Institutos nach «Octavio Paz». Ein Peruaner und ein Mexikaner, zwei Nationalitäten, drei, wenn wir unseren chilenischen Autor hinzunehmen, der seinen Namen der Bibliothek unseres Institutos leihen wird, und eine gemeinsame geistige Heimat, die Sprache, die uns alle, Amerikaner und Europäer, seit dem XVI. Jahrhundert eint. Unsere Sprache, einheitlich und unterschiedlich zugleich in ihrer Entwicklung, wurde, ausgehend von ihren ersten Anfängen, dem *romance*, das man in Kastilien sprach, dank der Vitalität der amerikanischen Republiken um viele Welten bereichert. Wenn wir uns darin einig sind, dass in der Anrede mit einem Namen auch ein Aufruf zur Pflege des Familienerbes einhergeht und damit nicht wenige Verpflichtungen verbunden sind, ist die Tatsache, dass wir unsere Bibliothek auf den Namen «Gonzalo Rojas» taufen, nicht allein Grund zum Stolz, sondern gleichermaßen Verpflichtung, so viele seiner Bücher wie möglich zu sammeln.

Gonzalo Rojas ist in Deutschland kein Unbekannter. In seiner Jugend, in Valparaíso, gab er im *Colegio Alemán* Unterricht, und später, nach dem Staatsstreich, 1973, ging er nach Rostock ins Exil, wo er bis 1975 als Professor an der dortigen Universität arbeitete. Den Bremern ist er eben-

nuestra ciudad. En honor a la verdad, podríamos decir que la labor del Instituto Cervantes de Bremen no ha ido más allá de armonizar una serie de circunstancias propicias.

Finalmente quisiera decirles que lectura de Gonzalo Rojas me ha brindado esos instantes de felicidad que, parafraseando a otro Premio Cervantes –ahora un argentino–, algunos libros escogidos deparan al lector, y que, en definitiva, no son sino el edificio de la palabra hecha hálito, esto es, vida, como reza un poema de la presente antología:

> La palabra
> Un aire, un aire, un aire,
> un aire,
> un aire nuevo:
> no para respirarlo
> sino para vivirlo.

No me extenderé más, salvo para insistir en mi agradecimiento al profesor Kornberger, que nos obsequia con la lectura de nuestro escritor en la lengua alemana y que, a continuación, nos introducirá en su poética y en su vida. Debo agradecer muy sinceramente la generosidad con que nos han ayudado, ofreciéndonos riquísimos materiales, los hijos del poeta, Gonzalo Rojas Mackenzie, Director del Archivo y Gonzalo Rojas-May, Presidente de la Fundación Gonzalo Rojas. Hay muchas más personas; que, de un modo u otro, han contribuido a esta publicación, vaya a todas ellas desde aquí mi más sincero agradecimiento.

Mercedes de Castro
Directora del
Instituto Cervantes de Bremen

falls kein Unbekannter, denn kurz bevor er 2003 den «Premio Cervantes» erhielt, besuchte er uns, und wir hatten Gelegenheit, ihn mit der Rezitation seiner eigenen Texte zu hören. Ein weiterer glücklicher Umstand kommmt hinzu, denn sein Übersetzer ins Deutsche, Dr. Reiner Kornberger, dem wir die Übertragung der hier veröffentlichten Gedichte verdanken, lehrt in unserer Stadt. Um der Wahrheit die Ehre zu geben, können wir sagen, dass die Arbeit des Instituto Cervantes Bremen in nichts anderem bestand, als eine Reihe glücklicher Umstände zu einem guten Ende zu verbinden.

Aber ich möchte Ihnen gerne sagen, dass mir die Lektüre seiner Texte jene glücklichen Momente schenkte, die – um einen anderen Premio-Cervantes-Preisträger, diesmal Argentinier zu paraphrasieren – nur ausgewählte Bücher dem Leser bescheren, und die am Ende nichts anderes sind als das Gebäude der Wörter, die zu Atem werden und sich dabei in Leben verwandeln, genau so, wie wir es in einem Gedicht dieser Anthologie wiederfinden:

> Das Wort
> Eine Luft, eine Luft, eine Luft,
> eine Luft,
> eine neue Luft:
> nicht, sie zu atmen
> sondern sie zu leben.

Damit möchte ich es bewenden lassen, und mir bleibt nur noch meinen Dank Dr. Reiner Kornberger auszusprechen, der die Lektüre unseres Autors in Deutsch ermöglicht hat, und der uns außerdem in dessen Werk und Leben einführen wird. Desgleichen bedanke ich mich aufrichtig bei Gonzalo Rojas Mockenzie, Direktor des Archivs, und Gonzalo Rojas-May, Präsident der Stiftung Gonzalo Rojas, die uns ihr reiches Archiv zur Verfügung gestellt haben, für ihre Großzügigkeit und ihre Hilfe. Es gibt noch viele andere Personen, die unser Projekt tatkräftig unterstützt haben und bei denen ich mich hier von Herzen bedanke.

Mercedes de Castro
Direktorin des
Instituto Cervantes Bremen

A mis amigos de la Biblioteca del Instituto Cervantes Bremen

Agosto, 2005

¿Qué es Bremen sino el Mundo para un poeta, venga del norte, del sur, del este o del oeste?

Ahí –rema que rema– me llevó el azar el 53 del otro siglo sobre los treinta de mi edad y sentí la vibración milenaria de aquella urbe hanseática portentosa, tan celebrada por pintores y músicos, poetas, navegantes. Aún oigo la trepidación de sus talleres y sus muelles y sigo andando por esas calles únicas, de la Plaza del Mercado al Ayuntamiento, y me fascina el encuentro –yo diría fortuito– entre el ladrillo de ese entonces y el acero flexible de este hoy.

Por otra parte, ¿cómo olvidar la belleza de esos patios del XV y el XVI, el Museo de Ultramar, la Catedral y sus 800 años, el Buque Escuela Deutschland, el Weser que arrastra la sabiduría como todos los grandes ríos de la Tierra?

Así me llega la vaharada de lo remoto y de lo próximo –la fundación y el genio de Günter Grass–, el bellísimo discurso de Paul Celan cuando ese premio que hemos leído todos los poetas: «Los poemas están en camino rumbo hacia algo, hacia el lenguaje herido de realidad y buscando realidad».

Bremen y más Bremen. Me honro con recordar por un instante a Vicente Pérez Rosales, progenitor de nuestro Chile, visionario de veras, quien ideó la colonización del país y embarcó en Bremen a los primeros contingentes de trabajadores alemanes (1848-1860), quienes contribuyeron al crecimiento del espíritu en el sur del Mundo.

Gonzalo Rojas

An meine Freunde der Bibliothek des Instituto Cervantes Bremen

August 2005

Was bedeutet Bremen anderes als die Welt für einen Dichter, gleich ob er aus dem Norden, dem Süden, dem Osten oder dem Westen kommt? Dorthin trieb mich der Zufall im Jahre 53 des anderen Jahrhunderts, als ich Mitte dreißig war, und da spürte ich den tausendjährigen Herzschlag jener von Malern, Musikern, Dichtern und Seefahrern so sehr gefeierten prachtvollen Hansestadt. Noch vernehme ich die pochende Geschäftigkeit seiner Werkhallen und Hafenmauern und sehe mich durch diese einzigartigen Straßen vom Marktplatz zum Rathaus gehen, und mich fasziniert das für mich überraschende Aufeinandertreffen des Backsteins von gestern und des biegsamen Stahls von heute.

Und dann: Wie könnte ich die Schönheit der Innenhöfe aus dem 15. und 16. Jahrhundert, das Überseemuseum, den Dom mit seinen 800 Jahren, das Schulschiff Deutschland und die Weser vergessen, welche die Weisheit mit sich führt wie alle großen Flüsse der Erde?

So erreicht mich der Odem des Fernen und des Nahen – das Genium des Günter Grass und seiner Stiftung –, die wunderbare Preisrede Paul Celans, die wir Dichter alle gelesen haben: «Gedichte sind ... unterwegs: sie halten auf etwas zu. Worauf? Auf etwas Offenstehendes, Besetzbares, auf eine ansprechbare Wirklichkeit.»

Bremen und immer wieder Bremen. An dieser Stelle gestatte ich mir, kurz an Vicente Pérez Rosales zu erinnern, einen der Gründerväter unseres Chiles, ein wahrhaftiger Visionär, welcher die Besiedelung des Landes erdachte und dafür sorgte, dass in Bremen die ersten Kontingente deutscher Arbeiter (1848-1860) an Bord gingen, die dann zum geistigen Wachstum im Süden der Welt beitrugen.

Gonzalo Rojas

Reiner Kornberger

Armselig Umherirrende, unsere Silben

Leben und Werk des Gonzalo Rojas

Am 23. April 2003 wurde die höchste literarische Auszeichnung der spanischsprachigen Welt, der Premio Cervantes, an einen Lyriker vergeben, der in Deutschland kaum bekannt, in Spanien und Lateinamerika aber ein wirklicher Star ist, der auf öffentlichen Plätzen liest, dessen unverwechselbarer Stimme auf den großen Lyrikfestivals Tausende, und was bemerkenswert ist, auch immer mehr junge Leute lauschen. Dass auf Deutsch bisher nur wenige, mäßig übersetzte Texte vorliegen, hat einerseits mit dem geringen Prestige zu tun, das dem dichterischen Wort im Gegensatz zur romanischen Welt bei uns entgegengebracht wird, andererseits mit der Frage nach der Übersetzbarkeit von Lyrik schlechthin, vor allem, wenn wir es wie bei Gonzalo Rojas mit einem dichterischen Kosmos sui generis zu tun haben, das eine Übertragung per Auftragsarbeit ausschließt, weil dem vermessenen Unterfangen der Wiedergabe in einem ganz anderen Sprachsystem eine intensive Beschäftigung mit seinem Gegenstand vorausgehen muss.

Wie ist nun die lyrische Sprache des Gonzalo Rojas zu kennzeichnen, ist sie schwierig, am Ende gar hermetisch oder teilt sie sich dem Leser/ Hörer unmittelbar mit? Die Wirkung, die der Dichter bei seinen Lesungen erzielt, lässt darauf schließen, dass seine Texte elementare Botschaften enthalten, von denen sich durchaus vieles beim ersten Hören mitteilt, auch wenn anderes im Dunkeln bleibt. So ist es von Vorteil, einige der «claves», der Schlüssel, zu kennen, die konstitutiv für das Rojas'sche Oeuvre sind und die uns helfen, dessen Sinngehalt näher zu erschließen. Der Versuch einer Annäherung an die Bilderwelt des universalen Chilenen sei deshalb im Folgenden gewagt, auch wenn vieles Hypothese bleiben wird. Als ich einmal dem Dichter sagte, als Übersetzer verstehe ich ja lange nicht alles, baue aber auf die Intuition, um zu Ergebnissen zu kommen, meinte er: «Also ehrlich gesagt, ich verstehe vieles auch nicht.» Beruhigend, schließlich haben wir es mit Lyrik, der konzentriertesten der Wortkünste zu tun. Wäre alles erklärbar, bliebe die Kunst auf der Strecke.

Leben und Werk des Gonzalo Rojas – wie ist dieses Thema am ehesten zu gliedern? Meine französische Übersetzerkollegin Fabienne Pradu vermutete, dass in Rojas' Werk sehr viel mehr Autobiographisches enthalten ist, als die Literaturwissenschaft bisher aufgezeigt hat. Sie begleitete den Dichter, der ihre These hintergründig lächelnd zur Kenntnis nahm, wochenlang, führte viele Gespräche mit ihm und begrüßte in seiner Begleitung das Jahr 2000 am Strand von Lebu. Am Ende begriff sie die Unmöglichkeit, die Stationen eines Lebensweges mit den entsprechenden Texten zu pflastern. Als Ergebnis entstand ein Buch, dem nicht eben wissenschaftliche Stringenz eignet, das aber in Anlehnung an das sprunghafte, visionäre Denken Gonzalos tiefer in die Geheimnisse seiner Lyrik eindringt als viele akademische Studien (Fabienne Bradu: Otras sílabas sobre Gonzalo Rojas, México 2002). So soll auch hier auf ein starres biographisches Schema verzichtet werden.

Vor den ersten Lebensdaten möchte ich auf ein ganz besonderes Merkmal des Werkes von Gonzalo Rojas hinweisen. Im Unterschied zu anderen Schriftstellern macht es wenig Sinn, sein Schaffen in Phasen zu unterteilen oder von einer Entwicklung überhaupt zu sprechen. Die Bilder- und Vorstellungswelt der mittlerweile zahlreichen Gedichtbände ist in nucleo schon in dem 1948 quasi als Privatdruck erschienenen «La miseria del hombre» («Das Elend des Menschen») enthalten. Zwar sind Schwankungen in der Tonlage zu registrieren, doch das Themenrepertoire setzt sich aus Konstanten zusammen, die stets wieder aufgegriffen und variiert werden. Mehr noch, mit Ausnahme zweier Bücher werden in der Regel Materialien aus vorangegangenen Texten neben neu entstandene Texte gestellt, und auch die erwähnten zwei Gedichtbände dienen ihrerseits als Steinbruch für spätere Sammlungen. Da können Texte von 1946 oder noch frühere neben solchen aus der jüngsten Produktion stehen. Frühe Gedichte brauchen nicht verworfen zu werden («Quod scripsi scripsi»), mitunter finden sie erst Jahrzehnte nach ihrer Entstehung Eingang in einen Gedichtband oder werden anders montiert. Rojas schreibt so spiralförmig an einem einzigen Buch – eine Anthologie seiner Gedichte heißt denn auch «Metamorfosis de lo mismo» (Metamorphose des Gleichen). Die Vorstellung, auf seine Texte könne einmal der Begriff der «gesammelten Werke» appliziert werden, ist eine Horrorvorstellung für den Dichter. In dieser Struktur entdecken wir zugleich eine der Konstanten seines Denkens, das Kreisprinzip, das sich vor allem auch auf den Zeitbegriff bezieht. Rojas' Zeit ist keine lineare, sondern eine zirkulare, wie bei vielen anderen Schriftstellern des lateinamerikanischen Subkontinents, wie zuvor im indianischen Denken, aber auch im alten Ägypten.

Weiter charakteristisch für dieses Werk ist, dass es langsam, autonom und ohne jede Rücksicht auf den Literaturbetrieb entstanden ist. Nach «La miseria del hombre» sollten sechzehn Jahre vergehen, bis 1964 «Contra la muerte» («Wider den Tod») folgte, und weitere elf trennen dieses von dem dritten Buch, dem im venezolanischen Exil erschienenen «Oscuro» («Dunkel», 1977). Pablo Neruda soll einmal gesagt haben: «Gonzalo ist ja nicht schlecht, aber er schreibt sehr wenig.» Als unserem Dichter dieser Ausspruch des dreizehn Jahre Älteren überbracht wurde, ließ er ausrichten: «Sagt ihm bitte, Pablo sei ein wirkliches Genie. Aber er schreibt zuviel.» Bemerkenswert ist, dass sich Rojas' schöpferische Kraft mit fortschreitendem Alter zunehmend steigert, was an den immer kürzeren Intervallen zwischen seinen Veröffentlichungen abzulesen ist.

Doch nun zum Lebenslauf. Gonzalo Rojas wurde am 20. Dezember 1917 als siebtes von acht Kindern eines Minenarbeiters im Kohledistrikt von Lebu (Südchile) geboren. Den kleinen Ort am Golf von Arauco teilt der gleichnamige Fluß Lebu (aus dem Mapudungun «leufu» = tiefer, reißender Strom) in zwei Teile, die von Holzbrücken verbunden werden. Das Motiv des Sturzbachs, des Plötzlichen, findet sich bei Rojas immer wieder. Es ist eine Metapher für die Vergänglichkeit des Lebens, steht aber auch für die Plötzlichkeit des visionären Erkennens, die viele Parallelen zum Zen-Buddhismus aufweist.

Nirgendwo anders gestaltet Rojas die Welt seiner frühen Kindheit plastischer als in dem Gedicht «Kohle», das mit den Versen beginnt:

> Einen schnellen Fluss sehe ich wie ein Messer blitzen,
> mein Lebu

in zwei Hälften Wohlgeruch zerteilen, ich höre ihm zu,
rieche ihn, liebkose ihn, bedecke ihn mit Kindeskuss wie einst,
als Wind und Regen mich wiegten,
ich fühle ihn wie eine Ader
mehr zwischen meinen Schläfen und dem Kissen.

Schon diese ersten Zeilen verweisen auf eine Eigenschaft Gonzalos, sein phänomenales Gedächtnis. Weit Zurückliegendes ist ihm mit einer Fülle an Details bis heute derart präsent geblieben, dass man sich an Borges' berühmte Erzählung «Funes, el memorioso» erinnert fühlt. Diese Verfügbarkeit von Bildern der Vergangenheit kommt der Vorstellung von der Zirkularität allen Geschehens natürlich entgegen. Weiter verweisen uns die bis unter das Meer reichenden Kohlengruben sowie die Felsen im Meer auf das Gonzalo besonders teure Reich der Steine, die er im Rahmen eines quasi pantheistischen Naturverständnisses für belebt hält. Nie werde ich vergessen, wie Gonzalo in seinem unwahrscheinlichen 70-Meter-Haus in Chillán einen Korb mit Steinen aufdeckte, wie er sie streichelte, mich eindringlich ansah und sagte: «Und glaube ja nicht, dass die Steine Steine sind. Steine sind auch Tiere.» Und den Garten seines Hauses ziert ein Findling, den er bei einem Spaziergang in den Anden entdeckt hatte. Zu seiner Frau meinte er: «Schau mal, dieser hässliche Stein, das bin ich.» Und ließ ihn nach Chillán transportieren.

Die Initialzündung für die spätere Berufung zum Dichter stellte ein von Rojas selbst immer wieder erzähltes Erlebnis aus seinen Kinderjahren dar. Während eines Unwetters saß der Fünfjährige mit seinen Geschwistern in dem von dem verstorbenen Vater erbauten Holzhaus, als es heftig blitzte und er aus dem Mund eines älteren Bruders das Wort «relámpago» (Blitz) vernahm. Diese «palabra esdrújula» (auf der drittletzten Silbe betontes Wort, was die deutsche Sprache zum Leidwesen des Übersetzers nicht mitmacht) als ideale Verbindung von Signifikans und Signifikat führte dem Kind die schöpferische Kraft der Sprache vor Augen, und mehr als das Lichtspektakel am Himmel über Lebu faszinierte das Außerordentliche des sprachlichen Phänomens. Auch wenn dem Kind Heraklits Fragment Nr. 64 («Das Weltall aber steuert der Blitz») naturgemäß fremd war – später sollte er sich intensiv damit auseinandersetzen –, wuchs intuitiv doch eine Ahnung über die Zusammenhänge von Sprachgestaltung und Erkenntnis, eine Form der Erkenntnis, die wie in jeder großen Lyrik nicht logisch-diskursiv, sondern intuitiv-bildhaft ist und der Urmaterie Wort mit ihrer ursprünglichen Schöpferkraft bedarf. Erkennen findet für uns meist im Dunkeln tappende Erdenbürger ohnehin nur punktuell, schlaglichtartig statt. Der Gegenstand des Schreibens ist zwar unsere Welt, doch was sie im Innersten zusammenhält, ist nur als zeitlich begrenzte Vision zu erfahren: «La realidad detrás de la realidad, pero desde el relámpago» («Die Realität hinter der Realität, aber vom Blitz aus»).

«Relámpago» als phonisches Urerlebnis ist zudem für Gonzalos Vorliebe für Proparoxytona (auf der drittletzten Silbe betonte Wörter) verantwortlich, wie «música», «mísero», «efímero», «pétalo» usw., Wörter, die auf der ersten Silbe explodieren, sich dann aber weigern, rasch zu verklingen. Ein Problem für die Übersetzung ins Deutsche, wie man sich denken kann.

Mit vier Jahren schon verlor Gonzalo seinen Vater, der dem Jungen noch zum Geburtstag ein Pony geschenkt hatte, in dem er nun für das Kind gewissermaßen präsent blieb. Erst als es gestohlen wurde, erfuhr das Kind schmerzhaft den endgültigen Verlust des Vaters. Auch das Pferd gehört zum Bildinventar der Kindheit. Und wenn Baudelaire das Metier des Dichters im Albatros visualisiert, so bedient sich Rojas eben des Pferds in seinem Gedicht «Auf dem Grund von all dem schläft ein Pferd».

Der junge Gonzalo sah sich plötzlich aus seiner Welt herausgerissen und in die nächste Großstadt, Concepción, verpflanzt, wo die Mutter eine Pension betrieb. In der Internatsschule, die er ab dem neunten Lebensjahr besuchte, lernte er auch die alten Sprachen Latein und Griechisch. Fasziniert erlebte er, wie einer seiner Lehrer, ein Deutscher, eines Tages den Anfang der Ilias an die Tafel schrieb und daneben spontan eine spanische Rohübersetzung entwarf. Begierig sog Gonzalo mit vierzehn Jahren die in der Schulbibliothek versammelten antiken Klassiker, aber auch die Spanier des goldenen Zeitalters in sich auf. Ein Handikap zu Beginn seiner Schulzeit war die Tatsache, dass Gonzalo stotterte. Als er beim Vorlesen von seinen Mitschülern gehänselt wurde, legte er sich eine Technik zurecht, die mit den Okklusivlauten p, t, k beginnenden Wörter blitzschnell durch andere zu ersetzen. Auch so erlernt man dichterisches Handwerk.

Später, als Rojas sein Studium in Santiago aufnahm, kam er in Kontakt mit den literarischen Strömungen der Zeit. Man schrieb das Jahr 1938, nach dem in Chile eine ganze Schriftstellergeneration benannt ist, die damals ans Licht der Öffentlichkeit trat. Überschatttet wurde es von dem in Spanien tobenden Bürgerkrieg, ein Ereignis, das die Intellektuellen auch in Lateinamerika aufwühlte. In Chile formierte sich eine Volksfrontregierung. Die literarische Welt gedachte des 50. Jahrestags des Erscheinens (übrigens in Chile) von Rubén Daríos «Azul», mit dem der Nikaraguaner die sich auf ästhetische Werte zurückbesinnende Strömung des Modernismo begründete. In Paris starb im Elend im selben Jahr der geniale peruanische Lyriker César Vallejo. In Chile waren die Stimmen einer ganzen Reihe großer Dichter zu vernehmen, die von Gabriela Mistral, die der beiden Pablos (Pablo Neruda und Pablo de Rokha) und diejenige Vicente Huidobros, des Begründers des Creacionismo, der den autonomen Charakter der Sprache betonte und ihre Bilderwelt von den Fesseln der Realität zu befreien suchte. Huidobro, der auch auf Französisch schrieb, schuldete einiges dem französischen Surrealismus. Rojas verkehrte in seinem Haus in Santiago und las dort die neuesten Literaturzeitschriften aus Frankreich. Über Huidobro sagt Rojas in seiner autobiographischen Skizze «De donde viene uno» («Woher einer so kommt»): «Ich kenne niemanden, der mehr Freiheit in meinen Kopf gesät hat». Zu diesem Zeitpunkt hatte sich Huidobro bereits von seinem Manifest des Creacionismo entfernt. Rojas' Haltung zu den Ismen, den Strömungen, denen eine formulierte Doktrin zugrunde liegt, war schon damals eine deutlich distanzierte. Eine Weile stand er der Gruppe Mandrágora nahe, jungen Surrealisten, die sich um Huidobro scharten. Bald jedoch fühlte er sich von der französisierenden Praxis der Gruppe abgestoßen und befand, dass eine «écriture automatique à la française» nicht der Weg eines chilenischen Dichters sein konnte. In diesem dichterischen und persönlichen Selbstfindungsprozess floh er die Gruppe und die Stadt Santiago und nahm eine Arbeit in den Höhen der Atacama-Wüste an. Als sich die Mandrágora-Poeten bei Huidobro über den Renegaten Gonzalo beschwerten, lachte dieser nur: «Gonzalo ist ein Irrer, der Höhe braucht». Wobei «loco» («Irrer») einen ähnlich positiven Klang besitzt wie auch im Sprachgebrauch von Rojas, etwa wenn er die Nachricht von der Verleihung des

Cervantes-Preises mit den Worten kommentierte: «Sie können sich vorstellen, wie ich diesen Preis aufnehme. Cervantes ist eben Cervantes, und Alcalá de Henares spukt in den Köpfen aller Irren der Welt herum.» Oder wenn er die von ihm verehrten spanischen Mystiker als «locos» bezeichnet.

Verbunden ist Rojas' Flucht in die unwirtlichen Berge Nordchiles auch mit einem «amor loco», einer verrückten Liebesgeschichte, da er eine noch nicht allzu lange verheiratete junge Frau namens Maria, Tochter eines Engländers, mitnahm, welche die Mutter seines ältesten Sohnes Rodrigo Tomás wurde. Nach vollbrachtem Tagewerk in der Verwaltung einer Bergwerksgesellschaft alphabetisierte er Minenarbeiter mit Texten von Heraklit, da er nur wenige Bücher in die Atacama-Wüste mitgenommen hatte. Im Rückblick auf diese Zeit wird Rojas notieren, dass ihm die Begegnung mit den Arbeitern, ihr Staunen vor dem Wunder der Sprache, mehr beigebracht hat als der Surrealismus.

Tatsächlich jedoch verdankt Gonzalo dem Surrealismus einiges. Schon seine damalige Schreibpraxis entsprach ihm. Er hatte in seinem Zimmer einen Tisch aus grobem Holz. Auf den schleuderte er ein Messer; wenn es mit der Klinge ins Holz fuhr und vibrierte, war die nötige Spannung als Voraussetzung für das Dichten gegeben, glitt das Messer ab, war eher ein Spaziergang angesagt.

Zu den weiteren Einflüssen, die Rojas geprägt haben, vermerkt er selbst, er habe mit einem Ohr die Stimmen der Avantgarde vernommen, in das andere Ohr seien die Klassiker der griechisch-römischen Antike gedrungen, des spanischen Siglo de Oro, hier vor allem die Mystiker Theresa von Avila und der Heilige Johannes vom Kreuz, nicht zu vergessen die Romantiker wie Blake, Novalis, Hölderlin. Da er nicht an einen Fortschritt in der Sphäre der Kunst glaubt, vereinen sich in seiner Vorstellung die Werke der großen Dichter zu einem «Konzert» – so der Titel des entsprechenden Gedichts –, und letztlich schreiben alle an dem einen Buch. Im Falle besonders seelenverwandter Dichter ist größte physische Nähe gegeben: «Fragt man mich, wer Celan war, muß ich sagen: ich bin Celan» («Paul Celan»). So sieht er Vallejos Gesicht bei einem Flug über die Anden oder tritt in einen «Dialog mit Ovid» (Titel eines Gedichtbandes von 1998). Diese Simultaneität des Ungleichzeitigen («Latein und Jazz») hat auch wieder zu tun mit seinem spezifischen Zeitbegriff.

In vielen Texten macht Rojas den dichterischen Schaffensprozess selbst zum Thema. Hören wir die folgende poetologische Reflexion:

> Und schreibst du, schau nicht, was du schreibst, denk an die Sonne,
> die lodert und nicht sieht und die Welt leckt mit Saphir-
> wasser, damit das Sein
> sei und wir im Staunen schlafen (...)
> («Die Silben»)

Schreiben ist demnach weniger ein handwerklicher Vorgang als vielmehr ein visionärer Prozess. Die Perspektive des dichterischen Ichs ist eine kosmische, keine aus den Abgründen der eigenen Psyche resultierende. Wichtige Begriffe, die am Anfang des Schreibvorgangs stehen, sind «asombro» und «encantamiento» (Erstaunen und Verzauberung). Die Sprache, gemeint sind alle sprachlichen Ebenen, von denen die Semantik nur ein Aspekt ist, bildet das Kraftzentrum, das uns das Rätsel («enigma») des Seins schlaglichtartig erhellt. Andererseits ist sich Rojas auch der Begrenztheit seines Rohmaterials bewusst: «Míseros los errantes, eso son nuestras sílabas» («Armselig Umherirrende, das sind unsere Silben»). Der dichterische Schaffensakt kann Perfektion höchstens anstreben, verpasst sie aber auch nur allzu oft. Von diesem Scheitern legt der Text «Para órgano» («Für ein Instrument») beredtes Zeugnis ab. Gerne erinnert sich Rojas an den Besuch einer ärmlichen Dorfschule auf der Insel Chiloe, wo ihm ein kleines Mädchen die Frage stellte: «Und wenn Sie ein Gedicht geschrieben haben, kommt es Ihnen dann nicht so vor, als ob es irgendwie unvollendet geblieben ist?»

Was das Rohmaterial des Dichtens angeht, das Wort, eher noch die Silbe, so rangiert vor der phonologischen und semantischen Ebene der physiologische Vorgang des Atemholens:

> Das Wort
>   Eine Luft, eine Luft, eine Luft,
>   eine Luft,
>   eine neue Luft:
>   nicht, sie zu atmen
>   sondern sie zu leben

Dichtung entsteht für Rojas aus dem Atem, ist weniger poiesis (Gemachtes) als vielmehr pneuma. Dichten ist Schreiben in die Luft, Dichtung ist das Haus aus Luft. Das wichtigste Organ ist demnach die Nase. In «Ochenta veces nadie» zu seinem 80. Geburtstag schreibt Rojas:

> Nach der Nase
> sind's 80, nach der Luft, den
> achsoschnellen Frauen, die ich liebte, roch, tastete.

So stellt sich Gonzalo den Beginn der europäischen Lyrik, Homers Epen, als «Atemübung» vor.

> Zufall
> mit Gestammel sind Ilions Zeilen
> darin die Welt geschrieben steht, mit
> Gestammel und Gestotter und
> Ersticken, der Boote
> Wellengang verlangt nach Rhythmus, Homer
> sah Gott.

Der Rhythmus ergibt sich nicht von selbst, Atem kennt auch das genaue Gegenteil, die Atemnot, das Ersticken, das Asthma, aber dann gelingt dem blinden und doch sehenden Dichter der Durchbruch. Wir begreifen, dass Rhythmus bei Rojas weit mehr als das Metrum, als die geplante Abfolge von Jamben, Trochäen oder Daktylen ist. Seine Vorstellung von Rhythmus meint nicht das Horizontale der Lautabfolge. Der Rhythmus, den Gonzalo sucht, ist im Wesentlichen vertikal, entfaltet sich synchron zum Puls der Dinge, des Lebens, des Universums. Von sich selbst sagt er: «Ich bin kein jambischer, sondern ein ozeanischer Dichter».

Als die Nachricht vom Tode Che Guevaras eintraf, grübelte er lange über die passende Struktur für ein Gedicht. Im Traum hörte er dann mehrmals die Worte «así que...» («so dass also...»). Beim Aufwachen wurde ihm klar, dass hier die Lösung lag. In seinem Gedicht «Achter Oktober» strukturiert das anaphorisch verwendete «así que» den ganzen Text und erlaubt zugleich eine Perspektive aus der Sicht des erschossenen Revolutionärs:

> So haben sie mir also das linke zerschossen. Was bin ich doch
> mit diesem linken Bein durch die Welt gegangen!   ...

So ist es also drei, oder schon nicht mehr drei,
weder ist der achte, noch Oktober. So endet also hier
die Schlucht des Yuro...

Doch wie Rhythmus, begriffen als kosmisches Phänomen, als Urrhythmus quasi, Systole und Diastole, seinen Weg auf das Blatt des Dichters findet, vermittelt am Besten das Gedicht «Klassischer Akkord»:

> Niemand gebiert den Rhythmus, sie werfen ihn nackt und weinend
> hin wie das Meer, es wiegen ihn die Sterne, er wird schlank,
> um zu schlüpfen durch das kostbare Pochen
> des Blutes, er fließt, funkelt
> im Marmor der Mädchen, steigt empor
> in der Majestät der Tempel, lodert in der Zeiger
> Unheilzahl, sagt November
> hinter den Gardinen, blinzelt
> auf diesem Blatt.

Der Urgrund des dichterischen Bemühens ist allerdings nicht das Wort, sondern das genaue Gegenteil, die Stille. Sie ist vergleichbar mit der völligen Ruhe im Auge des Orkans, Vorbedingung des dann visionären Vorgangs des Schauens, des Erkennens («relámpago»). In ihr wird zugleich das erfahren, was der Dichter im Anklang an das Buch des deutschen Religionsphilosophen Rudolf Otto (1869-1937) «Das Göttliche» mit «lo numinoso» bezeichnet. Das «Numen» mit seinen Eigenschaften «tremendum et fascinosum» meint die unabhängig von einer konkreten Religion erlebte, von einem heiligen Wesen ausgehende Wirkkraft. Für Rojas äußert sie sich im Wort, in der Natur und ganz besonders im Eros.

Meisterhaft gestaltet findet sich das geschilderte Erlebnis in Rojas' berühmtem Text «An die Stille», zu dem wir den genauen Hintergrund kennen, weil ihn der Dichter selbst preisgegeben hat. Eines Abends saß er in seinem Studierzimmer in Valparaíso, um die Vorlesung des nächsten Tages vorzubereiten, als es einen «apagón» gab, einen Stromausfall. Er tastete sich auf die Terrasse vor, die auf das Meer hinausging, um wenigstens die Sterne oder die beleuchteten Schiffe im Hafen zu sehen. Nichts, absolute Dunkelheit und eine Stille, als habe jemand dort oben alle Galaxien und unten die Wasser des Ozeans hinweggefegt. Als der

Strom wiederkehrte, schrieb er die ersten acht Zeilen des Gedichts. Dann setzte eine Blockade ein, die auch durch die verzweifeltsten Versuche nicht zu durchbrechen war. Drei Monate später ergab sich das Ende des Gedichts in einer Straßenbahn in Santiago wie von selbst.

Rojas bezeichnet sich selbst als religiös in einem etymologischen Sinn. «Religion» vom lateinischen «religare» (verbinden) meint den uns verborgenen Zusammenhang zwischen den Dingen. Die Suche nach dem Numinosen ist so die Suche nach dem Urakkord, die den Palimpsest der Eins, in der die Gegensätze zusammenfallen, freilegt. Hier wird die Seelenverwandtschaft Gonzalos zu den christlichen Mystikern («Theresa»), aber auch zum Sufismus, deutlich. Ihre Gottessuche schlüpft in die Gestalt passionierter Liebesgedichte. Und auch in der Poesie von Gonzalo Rojas wird der Eros zu einem beherrschenden Thema in dem Sinne, dass die Faszination der weiblichen Schönheit die natürlich vorhandenen fleischlichen Aspekte transzendiert und die Suche nach dem unergründlichen Wesensgehalt des Eros sich mit der Ahnung des Numinosen, Göttlichen trifft. Wir begegnen diesem Motiv in einem von Rojas' berühmtesten Liebesgedichten «Was liebt man, wenn man liebt?».

Die Liebe ist bei Rojas ein Ausdruck höchster Leidenschaft, ein alle Dimensionen und Konventionen sprengender «amor fou», die vielleicht letzte mögliche Utopie, und im Vorwort zu einem seiner neuesten Werke bekennt er mit einem kaum zu übersetzenden Oxymoron: «Hay que vivir muerto de amor, o marcharse de este planeta» («Man muss sich im Leben vor Liebe verzehren oder diesen Planeten verlassen»). So ist es nur folgerichtig, wenn dieses übermächtige Gefühl auch die Normen der Sprache sprengt, etwa in einem seiner berühmtesten Liebesgedichte, «El fornicio» («Fleischeslust»), das mit den Worten beginnt:

> Te besara en la punta de las pestañas y en los pezones, te
> turbulentamente besara,
> mi vergonzosa, en esos muslos
> de individua blanca...
> Ich küsste dich auf die Bögen der Brauen und die Brustwarzen, ich
> küsste turbulent dich,
> meine Verschämte, auf diese Schenkel
> einer weißen Individue...

Eine Übersetzung, welche den Eingriff in die Regeln der spanischen Syntax nur abgemildert wiedergibt, kann in diesem und anderen Fällen nur der Versuch einer Annäherung sein. Natürlich wird dem Sprachkundigen auffallen, dass «pestañas» nicht «Brauen», sondern «Wimpern» sind. Die Entsprechungen auf der semantischen Ebene müssen nicht nur hier dem geopfert werden, was für Rojas ungemein wichtiger ist: der Rhythmus und die Klangwirkung. Er selbst sagte mir mehr als einmal: «Du musst dir alle Freiheiten nehmen». Der Übersetzer entgeht ohnehin nicht dem prägnanten und unerbittlichen Verdikt des italienischen Wortspiels vom «tradutore, traditore» (Übersetzer = Verräter).

«Eros und Thanatos» ist bei Künstlern aller Epochen ein beliebtes Binom gewesen, so auch bei Gonzalo Rojas. Der Tod, der auch in «Was liebt man, wenn man liebt?» angesprochen wird, ist eine weitere Konstante im Werk des Dichters, soll jedoch nicht als neues Thema zu verstehen sein, sondern ist vielmehr als Bestandteil der Dichotomie Tod/Leben aufzufassen. Beide sind Aspekte derselben Einheit, und wenn ein Gedichtband «Contra la muerte» («Wider den Tod») tituliert ist, dann ist damit nicht etwa eine Haltung gemeint, die dem Tod als unvermeidlichem Fatum elegisch Reverenz erweist, sondern ihm, schon elegisch, aber auch respektlos, herausfordernd entgegentritt. Und «lo irreverente», die Respektlosigkeit, ist auch und gerade im Alter eine Eigenschaft Gonzalos, von dem ein Kritiker im Jahre 2003 gesagt hat: «Mit seinen 85 Jahren ist Gonzalo Rojas möglicherweise der jüngste Dichter Chiles». Er selbst weigert sich, seinen aktuellen Zustand mit dem Wort «Alter» zu umschreiben und bezeichnet sich lieber mit einer Wortschöpfung Huidobros als «viejoven» (Altjungen/Jungalten). Spätestens seit seinem 70. Geburtstag spricht er von seiner «reniñez» (seiner «Wiederkindheit»), zugleich Titel eines Gedichtbandes, den er zeitgleich mit der Verleihung des Cervantes-Preises vorlegte. Und als sich sein 80. Geburtstag näherte, übergab er mir mit der Bitte um Übersetzung sein großes Gedicht «Ochenta veces nadie» (Achtzig Mal Niemand). Auf die Rückseite des letzten Blattes hatte er eine große 80 gemalt und die 0 kurzerhand durchgestrichen.

Spätestens hier ist es an der Zeit, den verlorenen biographischen Faden wieder aufzunehmen. Als Dreißigjähriger war unser Dichter maßgeblich an der Gründung der Universidad de Chile in Valparaíso beteiligt, er reorganisierte die Literaturstudien der Universität von Concepción und stand ihnen 18 Jahre lang vor. 1953 reiste er zum ersten Mal nach Europa, wo er André Breton kennenlernte. Mehrere mittlerweile legendäre Treffen von Schriftstellern und Intellektuellen beider Amerikas, die er ab 1958 in Concepción organisierte, wurden zu einer der Keimzellen des Booms der lateinamerikanischen Literatur, deren Vertreter nun in einen verstärkten Dialog miteinander traten.

Sein ganzes Leben lang ist Gonzalo Rojas viel gereist. 1959 hielt er sich in China auf, wo er mit Mao-Tsetung über Lyrik diskutierte. 1970 war er zum zweiten Mal in China, diesmal als Kulturattaché der Unidad Popular. Die Atmosphäre war nun weniger herzlich, da China schon aus Gründen der Gegnerschaft zur Sowjetunion der Regierung Allende reserviert gegenüberstand. 1972 bekleidete er ein hohes diplomatisches Amt in Kuba, wo ihn der Militärputsch von 1973 überraschte. Von heute auf morgen stand Rojas ohne Anstellung und ohne Papiere da. Die DDR nahm den Staatenlosen auf, gab ihm eine Professur, ließ ihn aber, misstrauisch geworden, nicht unterrichten. Rojas verabschiedete sich, dank der Unterstützung alter Freunde und einer Trickserei mit Reisepässen, nach einem Jahr recht unbürokratisch vom ersten deutschen Arbeiter- und Bauernstaat und ging nach Venezuela. Mit seinem dritten Gedichtband «Oscuro» («Dunkel») wurde er nun auch einer größeren Leserschaft bekannt. Eines Tages konnte er nach Chile zurückkehren, ließ sich in Chillán (Mittelchile) nieder, war aber oft monatelang als Visiting Professor in den USA.

Die schrecklichen Jahre der Militärdiktatur und das Exil haben auch in Rojas' Schaffen ihre thematischen Spuren hinterlassen. In Gedichten wie «Der Hubschrauber» oder «Hier fällt mein Volk» hat auch er dazu beigetragen, dass die Verbrechen von damals nicht dem Schweigen anheimfallen und die Toten ein zweites Mal sterben müssen.

Natürlich transzendieren auch die politischen Gedichte ihren unmittelbaren Anlass und werden zu Bildern des Unmenschlichen schlechthin, dessen Menschen fähig sind («Chor der Gehenkten»). Rojas, der für sich stets ein Engagement ohne Parteibuch und Fahnen reklamierte, saß häufig zwischen den Stühlen und musste die Kritik beider Seiten über sich ergehen lassen. Seine volle Bedeutung als Mensch und Schriftsteller wird erst in der letzten Zeit, nach der Überwindung der Polarisierung der chilenischen Gesellschaft durch Unidad Popular und Putsch, voll erkannt. Und wenn es zu einer Zeit, als ich mich für sein Schaffen zu interessieren begann, noch fast keine Sekundärliteratur gab, so hat sich auch diese Situation inzwischen grundlegend gewandelt. In den letzten Jahren wurde er mit Preisen überhäuft, von denen der argentinische Premio Hernández, der Premio Reina Sofía de Poesía, der Premio Octavio Paz und schließlich der Premio Cervantes die wichtigsten sind. Gefreut hat ihn die letzte Preisvergabe sicherlich, die er mit den Worten kommentierte: «Estoy feliz, pero no para brincar en una pierna» («Ich bin glücklich, aber nicht, dass ich jetzt auf einem Bein hüpfen würde»). Die Ehrungen haben nicht die grundlegende Bescheidenheit eines Dichters zunichte gemacht, der weiß, dass die Wörter nicht nur erhellen, sondern auch verdunkeln, wenn er über das schreibt, «von dem man nicht weiß». Ja, der noch nicht einmal sagen könnte, was die Lyrik eigentlich ist. Eben diese Frage stellte ihm sein Chauffeur Pancho, als er ihn zum Flughafen von Santiago brachte: «Also, Sie fahren jetzt zu diesem Kongress über Dichtung, Don Gonzalo. Und was ist eigentlich die Dichtung?» Und Rojas: «Das ist genau das, was ich auch nicht weiß, Panchito.» Und der Chauffeur: «Aber wenn Sie es wissen, dann sagen Sie es mir doch bitte, Don Gonzalo.»

Vielleicht kommen Sie, geneigte Leserinnen und Leser, der Frage bei der Lektüre der vorliegenden Gedichtauswahl etwas näher. Eine Hilfskonstruktion, die Rojas in seinen selbst verantworteten Anthologien ebenfalls anwendet, ist die Gruppierung der Texte in Themenblöcke. Sie verdeckt eher die «Verwandtschaft zwischen den Dingen», ermöglicht aber erhellende Vergleiche zwischen thematisch verwandten Texten. Innerhalb der Blöcke wurden die Texte nach ihrer Entstehungszeit angeordnet.

Los Poemas

Concierto

Die Gedichte

Konzert

Latín y jazz

Leo en un mismo aire a mi Catulo y oigo a Louis Armstrong, lo reoigo
en la improvisación del cielo, vuelan los ángeles
en el latín augusto de Roma con las trompetas libérrimas, lentísimas,
en un acorde ya sin tiempo, en un zumbido
de arterias y de pétalos para irme en el torrente con las olas
que salen de esta silla, de esta mesa de tabla, de esta materia
que somos yo y mi cuerpo en el minuto de este azar
en que amarro la ventolera de estas sílabas.

Es el parto, lo abierto de lo sonoro, el resplandor
del movimiento, loco el círculo de los sentidos, lo súbito
de este aroma áspero a sangre de sacrificio: Roma
y África, la opulencia y el látigo, la fascinación
del ocio y el golpe amargo de los remos, el frenesí
y el infortunio de los imperios, vaticinio
o estertor: éste es el jazz,
el éxtasis
antes del derrumbe, Armstrong; éste es el éxtasis,
Catulo mío,
        ¡Tánatos!

Latein und Jazz

Ich lese meinen Catull und höre zugleich Louis Armstrong,
  höre ihn wieder
bei der Improvisation des Himmels, auf fliegen die Engel
in Roms erhabenem Latein zu den so langsamen, so freien Trompeten
in einem nun zeitlosen Akkord, im Brausen
der Adern und Blütenblätter, im Strom mit den Wogen zu ziehen,
die ausgehen von diesem Stuhl, diesem Brettertisch, diesem Stoff,
die ich und mein Körper sind in dieser Zufallsminute,
da ich den Windstoß dieser Silben festzurre.

Es ist die Geburt, das Offene des Klangs, der Glanz
der Bewegung, Wahnwitzkreis der Sinne, das Unvermutete
des herben Geschmacks nach Opferblut: Rom
und Afrika, Überfülle und Peitsche, Faszination
des Nichtstuns und bitterer Ruderschlag, Frenesie
und Unstern der Imperien, Prophetenwort
oder Röcheln, das ist der Jazz,
die Ekstase
vor dem Zusammenbruch, Armstrong, das ist die Ekstase,
mein Catull,
    Thanatos!

Acorde clásico

Nace de nadie el ritmo, lo echan desnudo y llorando
como el mar, lo mecen las estrellas, se adelgaza
para pasar por el latido precioso
de la sangre, fluye, fulgura
en el mármol de las muchachas, sube
en la majestad de los templos, arde en el número
aciago de las agujas, dice noviembre
detrás de las cortinas, parpadea
en esta página.

Klassischer Akkord

Niemand gebiert den Rhythmus, sie werfen ihn nackt und weinend
hin wie das Meer, es wiegen ihn die Sterne, er wird schlank,
um zu schlüpfen durch das kostbare Pochen
des Blutes, er fließt, funkelt
im Marmor der Mädchen, steigt empor
in der Majestät der Tempel, lodert in der Zeiger
Unheilzahl, sagt November
hinter den Gardinen, blinzelt
auf diesem Blatt.

Para órgano

Tan bien que estaba entrando en la escritura de mi Dios
esta mano, el telar secreto, y yo dejándola
ir, dejándola
sin más que urdiera el punto de ritmo, que tocara y tocara
el cielo en su música como cuando las nubes huyen solas
en su impulso abierto arriba, de un sur
a otro, porque todo es sur en el mundo, las estrellas
que no vemos y las que vemos, fascinación
y cerrazón, dalia y más dalia
de tinta.

Tan bien que iba el ejercicio para que durara, los huesecillos
móviles, tensa
la tensión, segura
la partitura de la videncia como cuando uno
nace y está todo ahí, de encantamiento
en encantamiento, recién armado
el juego, y es cosa
de correr para verla y olfatearla
fresca a la eternidad en esos metros
de seda y alambre, nuestra pobrecilla
niñez que somos y seremos; hebra
de granizo blanco en los vidrios, Lebu abajo
por el Golfo y la ululación, parco en lo parco
hasta que abra limpio el día.

Tan bien todo que iba, los remos
de la exactitud, el silencio con
su gaviota velocísima, lo simultáneo
de desnacer y de nacer en la maravilla
de la aproximación a la ninguna costa
que soy, cuando cortándose

Für ein Instrument

Gut so, wie sie eintauchte in die Schrift meines Gottes,
die Hand, der geheime Webstuhl, und so ließ ich sie
gehen, ließ sie einfach
gewähren, dass sie den genauen Rhythmus fände, dass sie himmelan
rühre mit ihrer Musik, wie wenn die Wolken von selbst
in offenem Streben nach oben fliehen, von einem Süden
zum andern, denn alles in der Welt ist Süden, die Sterne,
die wir nicht und jene, die wir wohl sehen, Ergriffenheit
und Umdunkelung, Dahlie um Dahlie
aus Tinte.

Gut so, wie alles vonstatten ging, auf Dauer geeicht, die agilen
Knöchelchen, gespannte
Spannung, sicher
die Partitur des Sehens, wie wenn einer
auf die Welt kommt und alles schon da ist, von Verzauberung
zu Verzauberung, das Spiel eben
aufgebaut, und da heißt es
lospreschen, mit frischem Blick und Riecher
die Ewigkeit schauen auf den paar Metern
aus Seide und Draht, unsere armselige
Kindheit, die wir sind und sein werden, weiße
Hagelsträhne auf den Scheiben, Lebu unten
am Golf, und das Heulkonzert, karg im Kargen,
bis dass rein der Tag anbricht.

Gut so, wie alles lief, die ach so genauen
Ruder, die Stille mit ihrer
pfeilschnellen Möwe, das gleichzeitige
Geboren- und Entborenwerden im Wunder
der Annäherung an die Niemandsküste,
die ich bin, als es abbrach,

cortose la mano en su transparencia de cinco
virtudes áureas, cortose en ella
el trato de arteria y luz, el ala
cortose en el vuelo, algún acorde que no sé
de este oficio, algún adónde
de este cuándo.

als die Hand abbrach in ihrer Klarheit aus fünf
goldnen Tugenden, da brachs in ihr ab
das Spiel aus Blutbahn und Licht, der Flügel
brach ab im Flug, irgendein Akkord, mir unbekannt,
in diesem Metier, irgendein Wohin
von diesem Wann denn.

Remando en el ritmo

Cada lágrima derramada con pasión es un grano de arena robado al desierto del vacío:
cada beso es una llama para el resplandor de los muertos.

Rudernd im Rhythmus

Jede Träne verschüttet im Sturm der Gefühle ist ein Sandkorn der
   Wüste der Leere entwendet:
Jeder Kuss ist eine Flamme für den Glanz der Toten.

La palabra

Un aire, un aire, un aire,
un aire,
un aire nuevo:
                no para respirarlo
                sino para vivirlo.

Das Wort

Eine Luft, eine Luft, eine Luft,
eine Luft,
eine neue Luft:
                nicht, sie zu atmen
                sondern sie zu leben.

Al fondo de todo esto duerme un caballo

Al fondo de todo esto duerme un caballo
blanco, un viejo caballo
largo de oído, estrecho de
entendederas, preocupado
por la situación, el pulso
de la velocidad es la madre que lo habita: lo montan
los niños como a un fantasma, lo escarnecen, y él duerme
durmiendo parado ahí en la lluvia, lo
oye todo mientras pinto estas once
líneas. Facha de loco, sabe
que es el rey.

Auf dem Grund von all dem schläft ein Pferd

Auf dem Grund von all dem schläft ein Pferd,
ein weißes, ein altes Pferd,
fein sein Gehör, schwer
von Begriff, besorgt
ob der Situation, der Puls
der Geschwindigkeit ist die Mutter, die in ihm wohnt, Kinder
reiten es wie ein Gespenst, verhöhnen es, allein es schläft
seinen Schlaf, steht dort im Regen, hört
alles, derweil ich diese elf Zeilen
male. Kommt närrisch daher, weiß:
Es ist der König.

Ejercicio respiratorio

                    Azar
con balbuceo son las líneas de Ilión
en las que está escrito el Mundo, con
balbuceo y tartamudeo y
asfixia, el oleaje
de las barcas exigo ritmo, Homero
vio a Dios.

Atemübung

                        Zufall
mit Gestammel sind Ilions Zeilen
darin die Welt geschrieben steht, mit
Gestammel und Gestotter und
Ersticken, der Boote
Wellengang verlangt nach Rhythmus, Homer
sah Gott.

Adiós a Hölderlin

Ya no se dice oh rosa, ni
apenas rosa sino con vergüenza; ¿con vergüenza
a qué?, ¿a exagerar
unos pétalos, la
hermosura de unos pétalos?

Serpiente se dice en todas las lenguas, eso
es lo que se dice, serpiente
para traducir mariposa porque también la
frágil está proscrita
del paraíso. Computador
se dice con soltura en las fiestas, computador
por pensamiento.

Lira, ¿qué será
lira?, ¿hubo
alguna vez algo parecido
a una lira?, ¿una muchacha
de cinco cuerdas por ejemplo rubia, alta, ebria, levísima,
posesa de la hermosura cuya
transparencia bailaba?

Qué canto ni canto, ahora se exige otra
belleza: menos alucinación
y más droga, mucho más droga. ¿Qué es eso de
acentuar la E de Érato, o de Perséfone? Aquí se trata
de otro cuarzo más coherente sin
farsa fáustica, ni

Abschied von Hölderlin

Man sagt nicht mehr oh Rose noch schlicht
Rose, es sei denn mit Scham; mit Scham
wovor denn? Vor der Überzeichnung
einiger Blütenblätter, der
Schönheit einiger Blütenblätter?

Schlange sagt man in allen Sprachen, ja das
sagt man, Schlange,
um Schmetterling auszudrücken, denn auch der
Zerbrechliche ist aus dem Paradies
verbannt. Computer
sagt man locker auf Festen, Computer
statt Denken.

Lyra, was ist wohl
Lyra? Gab
es je etwas, das einer Lyra
glich? Ein Mädchen
mit fünf Saiten zum Beispiel, blond, groß, trunken, federleicht,
besessen von der Schönheit, deren
Transparenz tanzte?

Von wegen Gesang, gefordert ist nun
eine andere Anmut, weniger Halluzination
und mehr Droge, sehr viel mehr Droge. Wieso denn
das E in Erato oder Persephone betonen? Hier fragt man
nach einem anderen Quarz, kohärenter ohne
faustische Farce, auch kein

Coro de las Madres, se acabó
el coro, el ditirambo, el célebre
éxtasis, lo Otro, con
Maldoror y todo, lo sedoso y
voluptuoso del pulpo, no hay más
epifanía que el orgasmo.

Tampoco es posible nombrar más a las estrellas, vaciadas
como han sido de su fulgor, muertas,
errantes, ya sin enigma,
descifradas hasta las vísceras por los
instrumentos que vuelan de galaxia en
galaxia.

Ni es tan fácil leer en el humo lo
Desconocido; no hay Desconocido. Abrieron la
tapa del prodigio del
seso, no hay nada sino un poco
de pestilencia en el coágulo del
Génesis alojado ahí. Voló el esperma
del asombro.

Chor der Mütter, Schluß mit
dem Chor, dem Dithyrambus, der berühmten
Extase, dem Anderen, mit
Maldoror und all dem, dem seidigen
und wollüstigen der Krake, keine andere Epiphanie
als der Orgasmus.

Keine Möglichkeit mehr, die Sterne zu benennen, so entleert
ihres Glanzes, tot,
umherirrend, bar jeden Rätsels,
entziffert bis in ihr Innerstes durch
die Gerätschaften, die von Galaxis zu
Galaxis fliegen.

Nicht mehr so einfach, im Rauch das
Unbekannte zu lesen, es gibt kein Unbekanntes. Geöffnet haben sie die
Wunderschale des Hirns,
da ist nichts weiter als ein wenig
Pestilenz im Blutgerinnsel der
dort sitzenden Genesis. Verflogen das Sperma
des Staunens.

Paul Celan

Si me preguntan quién fue Celan, debo decir: yo soy Celan. Tanta es la identidad de dos que silabearon el Mundo en dos lenguas tan remotas, el alemán y el español. Judío él, cautivo en Auschwitz, donde echaron al horno a sus padres, vivió en el mismísimo plazo de mi respiro. Cuando el 70 se arrojó al Sena pude haberlo hecho yo, pero seguí aleteando en mi vuelo. Sólo vine a leerlo el 77, por ignorancia, y sólo entonces pude *verme*. ¿Zeitgeist, locura? No hay campos de concentración en las estrellas. La noche que llegué a Chile el 80, miré hacia arriba, lo vi en la fosa del amanecer.

Paul Celan

Fragt man mich, wer Celan war, muß ich sagen: ich bin Celan. So gleich sind sich zwei, welche die Welt in zwei sich so fremden Sprachen buchstabierten, dem Deutschen und dem Spanischen. Er, Jude, Häftling in Auschwitz, wo sie seine Eltern in den Ofen warfen, lebte in derselben Spanne, die auch ich durchatmete. Als er sich 70 in die Seine stürzte, hätte ich dies tun können. Aber flügelschlagend setzte ich meinen Flug fort. Aus Unwissenheit las ich ihn erst 77, und erst da konnte ich *mich sehen*. Zeitgeist, Wahnsinn? In den Sternen gibt es keine Konzentrationslager. In jener Nacht des Jahres 80, als ich in Chile ankam, schaute ich nach oben; ich sah ihn in der Grube der Morgendämmerung.

Concierto

Entre todos escribieron el Libro, Rimbaud
pintó el zumbido de las vocales, ¡ninguno
supo lo que el Cristo
dibujó esa vez en la arena!, Lautréamont
aulló largo, Kafka
ardió como una pira con sus papeles: -*Lo
que es del fuego al fuego*; Vallejo
no murió, el barranco
estaba lleno de él como el Tao
lleno de luciérnagas; otros
fueron invisibles; Shakespeare
montó el espectáculo con diez mil
mariposas; el que pasó ahora por el jardín hablando
solo, ése era Pound discutiendo un ideograma
con los ángeles, Chaplin
filmando a Nietzsche; de España
vino con noche oscura San Juan
por el éter, Goya,
Picasso
vestido de payaso, Kavafis
de Alejandría; otros durmieron
como Heráclito echados al sol roncando
desde las raíces, Sade, Bataille,
Breton mismo; Swedenborg, Artaud,
Hölderlin saludaron con
tristeza al público antes
del concierto:
        ¿qué
hizo ahí Celan sangrando
a esa hora
contra los vidrios?

Konzert

Alle gemeinsam schrieben sie das Buch, Rimbaud
malte das Summen der Vokale, niemand
verstand, was Christus
diesmal in den Sand zeichnete! Lautréamont
heulte lange auf, Kafka
loderte prasselnd im Stoß seiner Papiere: *Gebt
dem Feuer, was des Feuers ist.* Vallejo
starb nicht, die Schlucht
war so voll von ihm wie der Tao
voll war von Glühwürmern; andere
waren unsichtbar, Shakespeare
inszenierte das Schauspiel mit zehntausend
Schmetterlingen; wer da im Selbstgespräch durch den Garten
ging, das war Pound, wie er mit den Engeln ein Ideogramm
diskutierte, Chaplin
filmte Nietzsche, aus Spanien
kam mit dunkler Nacht der Heilige Johannes vom Kreuz
durch den Äther, Goya,
Picasso
als Clown gekleidet, Kavafis
aus Alexandria, andere schliefen
wie Heraklit, tiefschnarchend,
in der Sonne, Sade, Bataille,
selbst Breton; Swedenborg, Artaud,
Hölderlin grüßten
das Publikum traurig vor
dem Konzert:
      Was
machte da Celan, der zu dieser Stunde
gegen die Scheiben
blutete?

Las sílabas

Y cuando escribas no mires lo que escribas, piensa en el sol
que arde y no ve y lame el Mundo con un agua
de zafiro para que el ser
sea y durmamos en el asombro
sin el cual no hay tabla donde fluir, no hay pensamiento
ni encantamiento de muchachas
frescas desde la antigüedad de las orquídeas de donde
vinieron las sílabas que saben más que la música, más, mucho
más que el parto.

Die Silben

Und schreibst du, schau nicht, was du schreibst, denk an die Sonne
die lodert und nicht sieht und die Welt leckt mit Saphir-
wasser, damit das Sein
sei und wir im Staunen schlafen,
ohne das es kein Brett gibt darauf zu gleiten, kein Denken
und nicht die Verzauberung durch die taufrischen
Mädchen seit dem Altertum der Orchideen daher
die Silben kamen, die mehr vermögen als die Musik, mehr
als das Gebären.

Oficio Mayor

Algunos árboles son transparentes y saben hablar
varios idiomas a la vez, otros algebraicos
dialogan con el aire al grave modo
de las estrellas, otros
parecen caballos y relinchan,
                                             hay
entre todos esos locos tipos increíbles
por lo sin madre, les basta el acorde
de la niebla.

De noche pintan lo que ven, generatrizan y
divinizan otro espacio con otro sexo distinto
al del Génesis, cantan
y pintan a la vez más que el oficio
de la creación el viejo oficio
del callamiento

ante el asombro, amarran la red
andrógina en la urdimbre
de un solo cuerpo
arbóreo y animal resurrecto
con los diez mil sentidos
que perdimos en el parto;
                                    entonces
somos otro sol.

Hauptamt

Einige Bäume sind transparent und sprechen
mehrere Sprachen zugleich, von algebraischer
Natur plaudern andere mit der Luft im gravitätischen
Ton der Sterne, andere
ähneln Pferden und wiehern,
                                    da gibt es
unter all diesen Irren ob ihrer Mutterlosigkeit
unglaubliche Gesellen, denen genügt der Akkord
des Nebels.

Nachts malen sie, was sie sehen, erzeugen und
heiligen einen anderen Raum von anderem Geschlecht
als dem der Genesis, gleichzeitig besingen
und malen sie mehr als das Werk
der Schöpfung das alte Werk
des Verstummens

vor dem Staunen, sie vertäuen das androgyne
Netz im Geflecht
eines einzigen Baum-
und Tierkörpers, der wiedererstand
mit den zehntausend Sinnen,
die uns bei der Geburt abhanden kamen;
                                so sind wir
eine andere Sonne.

Tabla de aire

Consideremos que la imaginación fuera una invención
como lo es, que esta gran casa de aire
llamada Tierra fuera una invención, que este espejo quebradizo
y salobre ideado a nuestra imagen y semejanza llegara
más lejos y fuera la
invención de la invención, que mi madre
muerta y sagrada fuera una invención rodeada de lirios,
que cuanta agua
anda en los océanos y discurre
secreta desde la honda
y bellísima materia vertiente fuera una invención,
que la respiración más que soga y asfixia fuera
una invención, que el cine y todas las estrellas, que la música,
que el coraje y el martirio, que la Revolución
fuera una invención, que esta misma
tabla de aire en la que escribo no fuera sino invención
y escribiera sola estas palabras.

Tafel aus Luft

Ziehen wir einmal in Erwägung, die Phantasie sei eine Erfindung,
was sie auch ist, dies Erde genannte große
Haus aus Luft sei eine Erfindung, dieser zerbrechliche und salzige
nach unserem Ebenbild erdachte Spiegel reiche
weiter noch und sei die
Erfindung der Erfindung, meine tote und geheiligte
Mutter sei eine lilienumkränzte Erfindung,
alles Wasser,
das durch die Ozeane zieht
und im Geheimen
der tiefen, herrlichen Spendermaterie entströmt, sei eine Erfindung,
die Atmung sei nicht Strick und Ersticken, sondern
eine Erfindung, das Kino und alle Stars, die Musik,
der Mut und das Martyrium, die Revolution
seien Erfindung, gar diese
Tafel aus Luft, darauf ich schreibe, sei nur eine Erfindung
und schreibe von selbst diese Worte.

Tres rosas amarillas

1) ¿Sabes cómo escribo cuando escribo? Remo
en el aire, cierro
las cortinas del cráneo-mundo, remo
párrafo tras párrafo, repito el número
XXI por egipcio, a ver
si llego ahí cantando, los pies alzados
hacia las estrellas,

                        2) del aire corto
tres rosas amarillas bellísimas, vibro
en esa transfusión, entro
águila en la mujer, serpiente y águila,
paloma y serpiente por no hablar
de otros animales aéreos que salen de ella: hermosura,
piel, costado, locura,

                        3) señal
gozosa asiria mía que lloverá
le digo a la sábana
blanca de la página, fijo
que lloverá,
           Dios mismo
que lo sabía lo hizo en siete.

Aquí empieza entonces la otra figura del agua.

Drei gelbe Rosen

1) Weißt du denn, wie ich schreibe, wenn ich schreibe? Ich rudre
in der Luft, schließe
die Vorhänge des Welt-Schädels, rudre
Abschnitt um Abschnitt, wiederhole die so ägyptische
Zahl XXI, wollen mal sehen,
ob ich dort singend hinkomme, mit den Füßen
sternenwärts,

                      2) aus der Luft schneid ich
drei wunderschöne gelbe Rosen, vibriere
in dieser Transfusion, dringe
adlergleich in die Frau, Schlange und Adler,
Taube und Schlange, ganz zu schweigen
von anderen Luftkreaturen, die ihr entspringen: Schönheit,
Haut, Flanke, Wahnsinn,

                3) mein
assyrisches Lustmal, das regnen wird,
sage ich dem weißen
Laken der Seite, lege fest,
dass es regnen wird,
                Gott selbst,
der es vermochte, tat es in sieben.

So beginnt hier die andere Gestalt des Wassers.

Scardanelli

En cuanto al estrépito de los aplausos je m'en fous,
adieu, adieu: no soy del vecindario.
                                        La zambullida
tiene que ser en seco.
Scardanelli
no era ario, el Muro
era ario.

Scardanelli

Was das Beifallsgetöse angeht je m'en fous
adieu, adieu: Ich bin nicht von hier.
                        Das Abtauchen
muss kurz und schmerzlos sein.
Scardanelli
war nicht arisch, die Mauer
war arisch.

Saludos a Tzara

Tarde vine a saber que lo que no es aire
en poesía, ni rotación y traslación, son míseros libros
oliscos a inmortalidad, pura impostura
con *vernissage* y todo en la farsa
del agusanamiento general, llenos de hojas
donde no hay una en que leer las estrellas, una
encinta del Mundo, una tablilla fresca
ligeramente órfica.

Grußworte für Tzara

Spät begriff ich, dass, was nicht Luft ist
in der Poesie oder Rotation und Translation, ärmliche Bücher sind
mit dem Muff der Unsterblichkeit, pure Hochstapelei
mit *Vernissage* und all dem in der Farce
allgemeinen Wurmbefalls, voller Blätter,
nicht eines, darin die Sterne zu lesen, eines,
das schwanger von Welt, ein frisches Täfelchen,
leicht orphisch.

Carmen cárminis

–Favor, dónde se fabrican por aquí versos con
Hélade y lujuria
para que vibren transparentes?
　　　　　　　　　　–Dos
casas más allá pasado ese hueco
donde se ve ese otro hueco de aire con
dalias originales de entonces, ahí
justo a la izquierda doblando
detrás del puente
del que no queda vestigio, ahí mismo a un metro
hay una carpintería etrusca: de ahí
–arterias y mármol, alta, los pies
desnudos– salió la muchacha hace tres mil,
que no ha muerto.

Eso me lo dijo personalmente a mí Catulo en Sirmione
el 95, Garda sul Lago.

Carmen carminis

– Tschuldigung, wo macht man hier Verse mit
Hellas und Wolllust drin
dass sie transparent vibrieren?
                              – Zwei
Häuser hinter dem Loch da drüben,
wo man das andere Luftloch sieht mit
Originaldahlien von damals, genau
da zur Linken, wenn man abbiegt
hinter der Brücke,
von der nichts mehr da ist, just einen Meter noch
gibt's da eine etruskische Tischlerei, da kam
– Arterien und Marmor, groß, die Füße
nackt – das Mädchen heraus vor dreitausend,
das nicht gestorben ist.

Das sagte mir höchstpersönlich Catull in Sirmione,
95, Garda sul Lago.

André Breton cumple cien años y está bien

Esa vez que murió Breton nos juntamos todos
a bailar. ¡Por Nadja! decíamos
tirando al aire las copas
contra las estrellas, y él miraba
la farsa y daba cuerda a su reloj
de polvo: —«Es que no hay Eternidad,
muchachos, es que no hay Eternidad».

André Breton wird hundert und es geht ihm gut

Damals, als Breton starb, kamen wir alle zusammen
und tanzten. Auf Nadja!, sagten wir,
warfen dabei die Gläser in die Luft
bis an die Sterne, und er schaute sich
die Farce an und zog seine Uhr
aus Staub auf: «Es gibt nun mal keine Ewigkeit,
Jungs, es gibt nun mal keine Ewigkeit».

Los verdaderos poetas son de repente

Sobre un acorde de Chihuahua:

–Los niños en el río
miden el fondo
de la transparencia.

Los verdaderos poetas son de repente:
nacen y desnacen, dicen
misterio y son misterio, son niños
en crecimiento tenaz, entran
y salen intacos del abismo, ríen
con el descaro de los 15, saltan
desde el tablón del aire al roquerío
aciago del océano sin
miedo al miedo, los hechiza
el peligro.

Aman y fosforecen, apuestan
a ser, únicamente a ser, tienen mil ojos
y otras mil orejas, pero
las guardan en el cráneo musical, olfatean
lo invisible más allá del número, el
vaticinio va con ellos, son
lozanía y arden lozanía.

Al éxtasis
prefieren el sacrificio, dan sus vidas
por otras vidas, van al frente
cantando, a cada uno
de los frentes, al abismo

Die wahren Dichter sind's plötzlich

Auf einen Akkord aus Chihuahua:

– Die Kinder im Fluss
messen den Grund
der Transparenz.

Die wahren Dichter sind's plötzlich:
werden und vergehen, sagen
Geheimnis und sind Geheimnis, sind Kinder
in beharrlichem Wachstum, betreten
und verlassen heil den Abgrund, lachen
mit ihren frechen 15 Jahren, springen
vom Luftbrett auf das unheilvolle Gefels
des Ozeans ohne
Angst vor der Angst, verzaubert
von der Gefahr.

Sie lieben und phosphoreszieren, setzen
auf das Sein, nur darauf, haben tausend Augen
und noch mal tausend Ohren, bewahren
sie aber im musikalischen Schädel, wittern
das Unsichtbare jenseits der Zahl, mit ihnen
ist die Prophezeihung, sie sind
und lodern blühendes Leben.

Der Ekstase
ziehen sie das Opfer vor, geben ihr Leben
für andere Leben, führen jede,
aber auch jede Front
singend an, den Abgrund

por ejemplo, al de la intemperie anarca,
al martirio inconcluso, a las tormentas
del amor, Rimbaud
los enciende:

—«*Elle est retrouvée*
Quoi? L'Éternité«

Pero la eternidad es esto mismo.

zum Beispiel, die Willkür von Wind und Wetter,
das unvollendete Martyrium, die Stürme
der Liebe, Rimbaud
lässt sie entbrennen:

– *«Elle est retrouvée*
Quoi? L'Éternité«

Aber die Ewigkeit ist genau dies.

Cuatro novelas

Quiso la fortuna de la prosa serme a
ratos propicia, escribí
cuatro novelas
al contado violento, me hice rápido
rico pasándolas al fósforo de la filmación, olí
mujeres de diamante, escalé
rascacielos más allá de Wall
Street, llegué a la punta
de los dólares, todo gracias a la serpiente, me
fasciné, me harté
de hartazgo.
          Demasiado
fulgor no hace hombre, pensé. Prefiero
resuello de perdedor: esta, por ejemplo,
casa de tablas, cuyo parentesco
mortuorio y ataúdico yo no más me sé.

Vier Romane

Hin und wieder meinte es Göttin Fortuna gut
mit meiner Prosa, so schrieb ich
vier Romane
im Wahnsinnstempo, wurde schnell
reich, übergab sie dem Phosphor des Films,
roch Diamantenfrauen, erklomm
noch ganz andere als Wall Streets
Wolkenkratzer, erreichte den Gipfel
der Dollars, alles dank
der Schlange, fands
faszinierend, erstickte
am Überdruss.
              Gar zuviel Glamour
macht keinen Menschen, dachte ich. Habe lieber
den schweren Atem des Verlierers. Etwa dieses
Haus aus Brettern, dessen Verwandschaft
mit Tod und Sarg mir nur zu vertraut ist.

¿Qué se ama cuando se ama?

Was liebt man, wenn man liebt?

Perdí mi juventud en los burdeles

Perdí mi juventud en los burdeles
pero no te he perdido
ni un instante, mi bestia,
máquina del placer, mi pobre novia
reventada en el baile.

Me acostaba contigo,
mordía tus pezones furibundo,
me ahogaba en tu perfume cada noche,
y al alba te miraba
dormida en la marea de la alcoba,
dura como una roca en la tormenta.

Pasábamos por ti como las olas
todos los que te amábamos. Dormíamos
con tu cuerpo sagrado.
Salíamos de ti paridos nuevamente
por el placer, al mundo.

Perdí mi juventud en los burdeles,
pero daría mi alma
por besarte a la luz de los espejos
de aquel salón, sepulcro de la carne,
el cigarro y el vino.

Allí, bella entre todas,
reinabas para mí sobre las nubes
de la miseria.
A torrentes tus ojos despedían
rayos verdes y azules. A torrentes
tu corazón salía hasta tus labios,
latía largamente por tu cuerpo,

Meine Jugend verlor ich in den Bordellen

Meine Jugend verlor ich in den Bordellen,
doch zu keiner Zeit
verlor ich dich, mein Untier,
Lustmaschine, meine arme,
im Tanz krepierte Braut.

Ich schlief mit dir,
biss wütend in deine Brustwarzen,
ertrank allnächtlich in deinem Parfum,
und beim Anbruch des Tages sah ich dich
schlafen im Wogenmeer deiner Bettstatt,
fest wie ein Fels im Sturm.

Wir gingen über dich hin wie Wellen,
alle, die wir dich liebten. Schliefen
mit deinem heiligen Leib.
Gingen von dir, neugeboren
von der Lust, in die Welt.

Meine Jugend verlor ich in den Bordellen,
doch gäbe ich meine Seele hin,
dich zu küssen im Licht der Spiegel
jenes Salons, Grabstätte des Fleisches,
der Zigarre und des Weins.

Dort, Schöne unter Schönen,
herrschtest du für mich, über dem Gewölk
des Elends.
In Strömen entsprangen deinen Augen
grüne und blaue Strahlen. In Strömen
stieg dein Herz bis an der Lippen Rand,
schlug ausgiebig im Innern deines Leibes,

por tus piernas hermosas
y goteaba en el pozo de tu boca profunda.

Después de la taberna,
a tientas por la escala,
maldiciendo la luz del nuevo día,
demonio a los veinte años,
entré al salón esa mañana negra.

Y se me heló la sangre al verte muda,
rodeada por las otras,
mudos los instrumentos y las sillas,
y la alfombra de felpa, y los espejos
copiaban en vano tu hermosura.

Un coro de rameras te velaba
de rodillas, oh hermosa
llama de mi placer, y hasta diez velas
honraban con su llanto el sacrificio,
y allí donde bailaste
desnuda para mí, todo era olor
a muerte.

No he podido saciarme nunca en nadie,
porque yo iba subiendo, devorado
por el deseo oscuro de tu cuerpo
cuando te hallé acostada boca arriba,
y me dejaste frío en lo caliente,
y te perdí, y no pude
nacer de ti otra vez, y ya no pude
sino bajar terriblemente solo
a buscar mi cabeza por el mundo.

in deinen schönen Beinen
und tropfte im Brunnen deines tiefen Mundes.

Dann, nach der Schenke
die Treppe emportastend,
das Licht des neuen Tages verfluchend,
Dämon mit zwanzig Jahren,
betrat ich den Salon an jenem schwarzen Morgen.

Und mir gefror das Blut, als ich dich stumm sah,
umringt von den anderen,
stumm die Instrumente und die Stühle,
und der Wollteppich und die Spiegel
ahmten vergeblich deine Schönheit nach.

Ein Hurenchor hielt dir die Totenwache
auf den Knien, oh schöne Flamme
meiner Lust, und zehn Kerzen gar
ehrten mit ihrer Klage dein Opfer,
und wo du nackt für mich
tanztest, roch alles
nach Tod.

Meinen Durst hat seither niemand gestillt,
denn ich stieg weiter und weiter, verzehrt
von dem dunklen Verlangen nach deinem Leib,
als ich dich dort aufgebahrt fand,
und du mich in der Hitze erkalten ließest,
und ich verlor dich und konnte nicht mehr neu
aus dir geboren werden, konnte nur noch
hinabsteigen, in furchtbarer Einsamkeit,
um meinen Kopf zu suchen in der Welt.

Carta del suicida

Juro que esta mujer me ha partido los sesos,
porque ella sale y entra como una bala loca,
y abre mis parietales, y nunca cicatriza,
así sople el verano o el invierno,
así viva feliz sentado sobre el triunfo
y el estomago lleno, como un cóndor saciado,
así padezca el látigo del hambre, así me acueste
o me levante, y me hunda de cabeza en el día
como una piedra bajo la corriente cambiante,
así toque mi citara para engañarme, así
se abra una puerta y entren diez mujeres desnudas,
marcadas sus espaldas con mi letra, y se arrojen
unas sobre otras hasta consumirse,
juro que ella perdura, porque ella sale y entra
como una bala loca,
me sigue a donde voy y me sirve de hada,
me besa con lujuria
tratando de escaparse de la muerte,
y, cuando caiga al sueño, se hospeda en mi columna
vertebral, y me grita pidiéndome socorro,
me arrebata a los cielos, como un cóndor sin madre
empollado en la muerte.

                              1940

Brief des Selbstmörders

Ich schwöre, diese Frau hat mir den Verstand geraubt,
denn sie kommt und geht wie eine irre Kugel
und öffnet meine Schädeldecke, die nie vernarbt,
ob nun der Sommer oder Winter weht,
ob ich auf dem Triumph ruhend glücklich lebe
bei vollem Bauch, wie ein satter Kondor,
ob ich die Peitsche des Hungers spüre, ob ich mich lege
oder erhebe und mich kopfüber in den Tag stürze
wie ein Stein unter der wechselnden Flut,
ob ich zu meiner Täuschung die Lyra schlage, ob
eine Tür aufgeht und zehn nackte Frauen erscheinen,
auf deren Schultern meine Letter brennt, und sie
übereinander herfallen bis zur letzten Konsequenz,
ich schwöre, sie hat Bestand, denn sie kommt und geht
wie eine irre Kugel,
sie folgt mir auf meinen Wegen und dient mir als Fee,
küsst mich voll Wollust,
will so dem Tod entfliehen,
und wenn ich in Schlaf sinke, nistet sie sich in meinem Rückgrat
ein, und schreit nach mir, bettelt um Hilfe,
entreißt mich dem Himmel, wie ein mutterloser Kondor,
ausgebrütet vom Tod.

1940

Drama pasional

Oh, criminal, no mires las estrellas intactas del verano.
No me ocultes tu rostro con el velo del mármol transparente.
No me niegues que todo lo previste y planeaste como un cuadro difícil.
Yo sé que anoche tú disparaste dos tiros de revólver
contra tu prometida, y pusiste la boca del cañón en tu boca.

A un metro de tu amor, dormiste apenas un segundo en la calle.
Esas fueron tus bodas. Ese tu lecho, y esa tu mortaja.
El pavimento fue la sola almohada
para tu sien maldita,
oh príncipe nostálgico, que buscabas tu reino en la pintura.
A un paso de tu amor, el vecindario se divertía a costa de tu muerte.

Ese cuadro de cuerpos destrozados fue tu obra maestra
por la composición y el colorido de las líneas profundas.
Yo no puedo mirarlo, pero lo llevo como una llaga en mis pupilas,
como una aparición de la nada concreta convertida en origen.
Tu vida fue este lienzo firmado con el nombre de tu sangre.

Así te oigo partir, y desprenderte de mi órbita terrestre,
con el procedimiento de un cuerpo equivocado que se lanza al vacío,
sobre el viento del éxtasis, con el cuerpo solar de su novia
   en los brazos,
fuera del movimiento y del encanto de las nubes ilusorias.
Me pongo de pie para decirte adiós tras las corrientes siderales.

Drama der Leidenschaft

Oh Verbrecher, schau nicht die unberührten Sterne des Sommers.
Verbirg dein Gesicht nicht in des Marmors durchsichtigem Schleier.
Leugne nicht, dass du alles kommen sahst und plantest
   wie ein schwieriges Bild.
Ich weiß, gestern Nacht gabst du zwei Revolverschüsse ab
auf deine Verlobte und schobst dir dann die Mündung in den Mund.

Einen Meter von deiner Liebe schliefst du kaum sekundenlang
   auf der Straße.
Dies war deine Hochzeit. Dies dein Lager, dies dein Leichentuch.
Das Pflaster war deinen fluchbeladenen Schläfen
das einzige Kopfkissen,
oh Prinz der Sehnsucht, du suchtest dein Reich in der Malerei.
Einen Schritt von deiner Liebe vergnügte sich die Nachbarschaft auf
   Kosten deines Todes.

Dieses Bild zerschellter Leiber war dein Meisterwerk
in Komposition und Farbgebung der tiefen Linien.
Ich kann es nicht anschaun, trag es doch als Wunde in den Pupillen,
wie ein Bild des konkreten, Ursprung gewordenen Nichts.
Dein Leben war diese Leinwand, signiert mit deines Blutes Namen.

So höre ich dich scheiden und lösen aus meinem Erdenrund,
mit der Prozedur eines irrigen Körpers, der sich ins Leere stürzt,
auf dem Wind der Ekstase, mit dem Sonnenleib seiner Braut im Arm,
fernab der Bewegung und dem Zauber der trügerischen Wolken.
Ich erhebe mich, dir Lebewohl zu sagen hinter den Sternenströmen.

Cítara mía

Cítara mía, hermosa
muchacha tantas veces gozada en mis festines
carnales y frutales, cantemos hoy para los ángeles,
toquemos para Dios este arrebato velocísimo,
desnudémonos ya, metámonos adentro
del beso más furioso,
porque el cielo nos mira y se complace
en nuestra libertad de animales desnudos.

Dame otra vez tu cuerpo, sus racimos oscuros para que de ellos mane
la luz, deja que muerda tus estrellas, tus nubes olorosas,
único cielo que conozco, permíteme
recorrerte y tocarte como un nuevo David todas la cuerdas,
para que el mismo Dios vaya con mi semilla
como un latido múltiple por tus venas preciosas
y te estalle en los pechos de mármol y destruya
tu armónica cintura, mi cítara, y te baje a la belleza
de la vida mortal.

Meine Lyra

Meine Lyra, schönes
Mädchen, so oft genossen in meinen Fleisch-
und Fruchtgelagen, lass uns heute für die Engel singen,
lass uns Gott berühren im rasenden Arpeggio,
weg mit den Kleidern und hinein in
den wildesten der Küsse,
denn der Himmel schaut auf uns und billigt
unsere Freiheit wilder Tiere.

Gib ihn mir wieder, deinen Leib, seine dunklen Trauben, damit ihnen
das Licht entsteigt, lass mich deine Sterne beißen, deine Duftwolken,
einziger mir bekannter Himmel, lass mich
dich erforschen und berühren wie ein zweiter David seine Saiten,
damit derselbe Gott in meinem Samen wie vielfacher
Herzschlag deine herrlichen Adern durchpulst,
in deiner Marmorbrust explodiert und die Harmonie
deiner Hüfte zerstört, meine Lyra, und dich herabholt
auf die Schönheit sterblichen Lebens.

Los amantes

París, y esto es un día del 59 en el aire.
Por lo visto es el mismo día radiante desde entonces.
La primavera sabe lo que hace con sus besos. Todavía te busco
en ese taxi urgente, y el gentío. Está escrito que esta noche
dormiré con tu cuerpo largamente, y el tren interminable.

París, y éste es el fósforo de la maravilla violenta.
Todo es en el relámpago y ardemos sin parar desde el principio
en el hartazgo. Amémonos estos pobres minutos.
De trenes y más trenes y de aviones errantes nos cosieron los dioses,
y de barcos y barcos, esta red que nos une en lo terrestre.

París, y esto el oleaje de la eternidad de repente.
Allí nos despedimos para seguir volando. No te olvides
de escribirme. La pérdida de esta piel, de estas manos,
y esas ruedas terribles que te llevan tan lejos en la noche,
y este mundo que se abre debajo de nosotros para seguir naciendo.

París, y vamos juntos en el remolino gozoso
de esto que nace y nace con la revolución de cada día.
A tus pétalos altos encomiendo la estrella del que viene en los meses
    de tu sangre,
y te dejo dormir en la sábana. Pongo mi mano en la hermosura
de tu preñez, y toco claramente el origen.

Die Liebenden

Paris, das ist ein Tag im Jahre 59 in der Luft.
Augenscheinlich herrscht seit damals derselbe strahlende Tag.
Der Frühling weiß, was tun mit seinen Küssen. Noch suche ich dich
in dem eiligen Taxi, und all die Leute. Geschrieben steht, heute Nacht
werde ich lange bei deinem Leib schlafen, und der endlose Zug.

Paris, das ist das Zündholz des gewaltsamen Wunders.
Alles ist im Blitz und wir lodern ohne Ende von Anbeginn an
im Überdruss. Lieben wir uns diese armen Minuten lang.
Aus Zügen und Zügen und irrenden Flugzeugen flickten uns die Götter,
aus Schiffen und Schiffen, Netz, das uns im Irdischen eint.

Paris, das Gewoge der Ewigkeit im Plötzlichen.
Dort unser Abschied um weiterzufliegen. Vergiss nicht,
mir zu schreiben. Der Verlust dieser Haut, dieser Hände,
und die Schreckensräder, welche dich so weit in die Nacht tragen,
und diese Welt, die sich unter uns auftut, um weiter zu entstehen.

Paris, und wir gehen vereint im Strudel der Lust
dessen was wird und wird mit der Umdrehung jedes Tages.
Deinen hohen Blütenblättern empfehle ich den Stern dessen,
   der in deinen Blutmonden kommt,
und lasse dich schlafen auf dem Laken. Ich lege meine Hand
   auf die Schönheit
deiner Schwangerschaft und rühre klar an den Ursprung.

El fornicio

Te besara en la punta de las pestañas y en los pezones,
   te turbulentamente besara,
mi vergonzosa, en esos muslos
de individua blanca, tocara esos pies
para otro vuelo más aire que ese aire
felino de tu fragancia, te dijera española
mía, francesa mía, inglesa, ragazza,
nórdica boreal, espuma
de la diáspora del Génesis, ¿qué más
te dijera por dentro?
                      ¿griega,
mi egipcia, romana
por el mármol?
                          ¿fenicia,
cartaginesa, o loca, locamente andaluza
en el arco de morir
con todos los pétalos abiertos,
                      tensa
la cítara de Dios, en la danza
del fornicio?

Te oyera aullar,
te fuera mordiendo hasta las últimas
amapolas, mi posesa, te todavía
enloqueciera allí, en el frescor
ciego, te nadara
en la inmensidad
insaciable de la lascivia,
                      riera
frenético el frenesí con tus dientes, me
arrebatara el opio de tu piel hasta lo ebúrneo

Die Fleischeslust

Ich küsste dich auf die Bögen der Brauen und die Brustwarzen,
 ich küsste turbulent dich,
meine Verschämte, auf diese Schenkel
einer weißen Individue, berührte diese Füße,
um weiter noch zu fliegen als das animalische
Arom deines Katzenkörpers, ich hieße dich meine
Spanierin, meine Französin, Engländerin, ragazza,
Tochter des Nordwinds, diasporischer
Schaum der Genesis, wie noch
hieße ich dich dort drinnen?
                    Griechin,
meine Ägypterin, Römerin
ob des Marmors?
                    Phönizierin,
Karthagerin, auch verrückte Andalusierin
im Bogen des Sterbens
mit allen Blütenblättern weit offen,
                    straff die Saiten
auf Gottes Lyra im Reigen
der Fleischeslust?

Ich hörte dich heulen,
ich bisse dich bis in die letzten
Mohnknospen, meine Besessene, und noch weiter
wahnwärts trieb ich dich, in der blinden
Kühle, ließe dich schwimmen
im unermesslichen
Nimmersatt der Wollust,
            lachte
ein frenetisches Lachen mit deinen Zähnen, riss
dir das Opium deiner Haut hinweg bis zum Ebenholz

de otra pureza, oyera cantar a las esferas
estallantes como Pitágoras,
                       te lamiera,
te olfateara como el león
a su leona,
              parara el sol,
fálicamente mía,
                      ¡te amara!

einer anderen Reinheit, hörte die berstenden Sphären
singen wie Pythagoras,
                    ich leckte dich,
witterte dich wie der Löwe
seine Löwin,
         hielte die Sonne an,
du phallisch meine,
               ich liebte dich!

Playa con andróginos

A él se le salía la muchacha y a la muchacha él
por la piel espontánea, y era poderoso
ver cuatro en la figura de estos dos
que se besaban sobre la arena; vicioso
era lo viscoso o al revés; la escena
iba de la playa a las nubes.
                       ¿Qué después
pasó; quién
entró en quién?, ¿hubo sábana
con la mancha de ella y él
fue la presa?
             ¿O atados a la deidad
del goce ríen ahí
no más su relincho de vivir, la adolescencia
de su fragancia?

Strand mit Androgynen

Ihm entstieg das Mädchen und das Mädchen ihm
aus der spontanen Haut, und es war überwältigend,
vier in der Figur dieser zwei zu sehen,
die sich im Sand küssten, sündig
das Klebrige oder umgekehrt; die Szene
reichte vom Strand bis an die Wolken.
                                          Was dann
geschah? Wer
in wen eindrang? War da ein Laken
mit dem Flecken von ihr und er
war das Opfer?
                Oder lachen sie dort, an die Gottheit
der Lust gefesselt,
einfach nur ihr Gewieher des Lebens, die Jugend
ihres Wohlgeruchs?

¿Qué se ama cuando se ama?

¿Qué se ama cuando se ama, mi Dios: la luz terrible de la vida
o la luz de la muerte? ¿Qué se busca, qué se halla, qué
es eso: amor? ¿Quién es? ¿La mujer con su hondura, sus rosas,
  sus volcanes,
o este sol colorado que es mi sangre furiosa
cuando entro en ella hasta las últimas raíces?

¿O todo es un gran juego, Dios mío, y no hay mujer
ni hay hombre sino un solo cuerpo: el tuyo,
repartido en estrellas de hermosura, en partículas fugaces
de eternidad visible?

Me muero en esto, oh Dios, en esta guerra
de ir y venir entre ellas por las calles, de no poder amar
trescientas a la vez, porque estoy condenado siempre a una,
a esa una, a esa única que me diste en el viejo paraíso.

Was liebt man, wenn man liebt?

Was liebt man, wenn man liebt, Gott? Das schreckliche Licht
 des Lebens
oder das Licht des Todes? Was sucht, was findet man, was
ist das, Liebe? Wer ist es? Die Frau mit ihrer Tiefe, ihren Rosen,
 ihren Vulkanen,
oder diese rote Sonne, welche mein wutbrennendes Blut ist,
wenn ich in sie dringe bis in die tiefsten Wurzeln?

Oder ist alles ein großes Spiel, Gott, und es gibt weder Frau
noch Mann, nur einen einzigen Körper: den deinen,
aufgeteilt in Sterne aus Schönheit, in flüchtige Splitter
sichtbarer Ewigkeit?

Darüber sterbe ich, Gott, in diesem Krieg
des Hin und Her zwischen ihnen auf den Straßen, der Unmöglichkeit,
dreihundert zugleich zu lieben, da ich immer an eine gekettet bin,
an diese Eine, diese Einzige, die du mir gabst im alten Paradies.

A quien vela, todo se le revela

Falo el pensar y vulva la palabra
O.P.

Bello es dormir al lado de una mujer hermosa,
después de haberla conocido
hasta la saciedad. Bello es correr desnudo
tras ella, por el césped
de los sueños eróticos.

Pero es mejor velar, no sucumbir
a la hipnosis, gustar la lucha de las fieras
detrás de la maleza, con la oreja pegada
a la espalda olorosa,
a mano como víbora en los pechos
de la durmiente, oírla
respirar, olvidada de su cuerpo desnudo.

Después, llamar a su alma
y arrancarla un segundo de su rostro,
y tener la visión de lo que ha sido
mucho antes de dormir junto a mi sangre,
cuando erraba en el éter,
como un día de lluvia.

Y, aún más, decirle: —«Ven,
sal de tu cuerpo. Vámonos de fuga.
Te llevaré en mis hombros, si me dices
que, después de gozarte y conocerte,
todavía eres tú, o eres la nada».

Dem Wachenden enthüllt sich alles

Phallus das Denken und Vulva das Wort
O. P.

Herrlich ist es neben einer schönen Frau zu schlafen,
nachdem man sie kennengelernt hat
bis zum Überdruß. Herrlich ist es, nackt
hinter ihr herzulaufen, auf der Wiese
der erotischen Träume.

Doch besser ist es zu wachen, nicht der Hypnose
anheimzufallen, sich am Kampf der Bestien im Gestrüpp
zu laben, das Ohr gepresst
an den duftenden Rücken,
die Hand nattergleich zwischen den Brüsten
der Schlafenden, ihrem Atem
zu lauschen, wie sie ihre Nacktheit vergaß.

Danach ihre Seele zu rufen
und sie für eine Sekunde ihrem Antlitz zu entreißen,
und zu schauen, was sie gewesen ist,
lange bevor sie schlief bei meinem Blut,
als sie im Äther schweifte,
wie ein Regentag.

Und, mehr noch, ihr zu sagen: «Komm,
verlass deinen Leib. Lass uns fliehen.
Auf meinen Schultern werd ich dich tragen, wenn du mir sagst,
dass, nachdem ich dich genossen und erkannt habe,
du immer noch du bist, oder das Nichts.»

Bello es oír su voz: —«Soy una parte
de ti, pero no soy
sino la emanación de tu locura,
la estrella del placer, nada más que el fulgor
de tu cuerpo en el mundo».

Todo es cosa de hundirse,
de caer hacia el fondo, como un árbol
parado en sus raíces, que cae, y nunca cesa
de caer hacia el fondo.

1942

Herrlich ist es, ihre Stimme zu hören: «Ich bin ein Teil
von dir, bin aber nur
die Ausdünstung deines Wahnsinns,
der Stern der Lust, nichts weiter als ein Schimmer
deines Leibs in der Welt.»

Es gilt nur, zu versinken,
auf den Grund zu fallen, wie ein Baum
aufrecht auf seinen Wurzeln, der fällt und nicht aufhört
zu fallen bis auf den Grund.

1942

Qedeshím Qedeshóth

Mala suerte acostarse con fenicias, yo me acosté
con una en Cádiz bellísima
y no supe de mi horóscopo hasta
mucho después cuando el Mediterráneo me empezó a exigir
más y más oleaje; remando
hacia atrás llegué casi exhausto a la
duodécima centuria: todo era blanco, las aves,
el océano, el amanecer era blanco.

Pertenezco al Templo, me dijo: soy Templo. No hay
puta, pensé, que no diga palabras
del tamaño de esa complacencia. 50 dólares
por ir al otro Mundo, le contesté riendo; o nada.
50, o nada. Lloró
convulsa contra el espejo, pintó
encima con rouge y lágrimas un pez: –Pez,
acuérdate del pez.

Dijo alumbrándome con sus grandes ojos líquidos de
turquesa, y ahí mismo empezó a bailar en la alfombra el
rito completo; primero puso en el aire un disco de Babilonia y
le dio cuerda al catre, apagó las velas: el catre
sin duda era un gramófono milenario
por el esplendor de la música; palomas, de
repente aparecieron palomas.

Todo eso por cierto en la desnudez más desnuda con
su pelo rojizo y esos zapatos verdes, altos, que la
esculpían marmórea y sacra como
cuando la rifaron en Tiro entre las otras lobas
del puerto, o en Cartago

Qedeshim qedeshoth

Kein Glück bringts, bei Phönizierinnen zu liegen, ich lag
in Cádiz bei einer wunderschönen
und erfuhr mein Horoskop erst
sehr viel später, als mir das Mittelmeer mehr und mehr
Wellenschlag abverlangte, rückwärts
rudernd kam ich schier atemlos
im zwölften Jahrhundert an: da war alles weiß, Vögel,
Ozean, weiß war das Morgengrauen.

Ich gehöre dem Tempel, sagte sie mir, bin Tempel. Keine
Nutte, dachte ich, die sich dir
nicht ähnlich großspurig anbiedert. 50 Dollar,
und ab in die andere Welt, lachte ich sie an; oder nichts.
50, oder nichts. Schluchzend
weinte sie gegen den Spiegel, malte
darauf mit Rouge und Tränen einen Fisch: Fisch,
gedenke des Fischs.

Sagte sie und erhellte mich mit ihren großen flüssigen Türkis-
Augen, daselbst begann sie auf dem Teppich den kompletten Ritus
zu tanzen; erst legte sie in der Luft eine babylonische Platte auf und
zog die Bettstatt auf, löschte die Kerzen, die Bettstatt
war zweifellos ein tausendjähriges Grammophon
schon wegen der Pracht der Musik; Tauben, auf
einmal waren da Tauben.

All dies natürlich in der nacktesten Nacktheit mit
ihrem rötlichen Haar und den hohen grünen Schuhen, die sie
marmorn und heilig abhoben so wie
man sie in Tyrus verloste mit den anderen Huren
des Hafens, oder in Karthago,

donde fue bailarina con derecho a sábana a los
quince; todo eso.

Pero ahora, ay, hablando en prosa se
entenderá que tanto
espectáculo angélico hizo de golpe crisis en mi
espinazo, y lascivo y
seminal la violé en su éxtasis como
si eso no fuera un templo sino un prostíbulo, la
besé áspero, la
lastimé y ella igual me
besó en un exceso de pétalos, nos
manchamos gozosos, ardimos a grandes llamaradas
Cádiz adentro en la noche ronca en un
aceite de hombre y mujer que no está escrito
en alfabeto púnico alguno, si la imaginación de la
imaginación me alcanza.

Qedeshím qedeshóth*, personaja, teóloga
loca, bronce, aullido
de bronce, ni Agustín
de Hipona que también fue liviano y
pecador en África hubiera
hurtado por una noche el cuerpo a la
diáfana fenicia. Yo
pecador me confieso a Dios.

* [en fenicio: cortesana del templo]

wo sie Tänzerin war mit Anspruch auf ein Laken im Alter
von fünfzehn; all dies.

Nun aber, ach, wird in Prosa gesprochen
klar, dass so viel
engelhaftes Schauspiel unversehens eine Krise in meinem
Rückgrat auslöste, und lüstern und
samenprall nahm ich sie brutal in ihrer Extase, als
sei dies kein Tempel sondern ein Freudenhaus, ich
küsste sie grob, tat ihr
weh, und sie küsste mich
zurück im Blütenblätterrausch, wir
befleckten uns lustvoll, loderten flammenhoch
tief in Cádiz in rauher Nacht in einem
Öl von Mann und Frau, wie es in keinem punischen Alfabet
verzeichnet steht, wenn mich die Vorstellung von der
Vorstellung nicht trügt.

Qedeshim qedeshoth*, Personin, verrückte
Theologin, Bronze, Geheul
von Bronze. Nicht einmal Augustin
von Hipo, der ja auch leichtfertiger Sünder
in Afrika war, hätte sich
für eine Nacht dem Körper der
alabasternen Phönizierin versagt. Ich
Sünder beichte vor Gott.

* = (phönizisch) Tempelhure

Dos sillas a la orilla del mar

La abruma a la silla la libertad con que la mira
la otra en la playa, tan adentro
como escrutándola y
violándola en lo abierto
de la arena sucia al amanecer, rotas las copas
de ayer domingo, la abruma
a la otra
la una.

Palo y lona son de cuanto fueron
anoche en el festín, palo y lona
las dos despeinadas que a lo mejor bailaron blancas
y bellísimas hasta que la otra
comió en la una y la una
en la otra por liviandad y vino Zeus
y las desencarnó como a dos burras
sin alcurnia y ahí mismo
las filmó hasta el fin del Mundo tiesas, flacas,
ociosas.

Zwei Liegen am Meeresufer

Es betört die Liege die Freiheit, mit der sie
die andere am Strand mustert, so eindringlich,
als gelte es, sie zu taxieren,
zu vergewaltigen im Offenen
des schmutzigen Sands morgens zwischen zerbrochenen
Gläsern des gestrigen Sonntags, es betört
die andere
die eine.

Nur Latten und Leinen blieb von dem, was sie
letzte Nacht beim Festmahl waren, Latten und Leinen
die zwei Zerzausten, die da womöglich tanzten, weiß
und wunderschön, bis die andre
aus der einen aß und die eine
aus der andren so ohne Hemmung und Zeus kam
und sie abbalgte wie zwei gemeine
Eselinnen und sie daselbst
filmte bis ans Ende der Welt, steif, klapprig,
träge.

Qué bueno ir lejos en el cuerpo de las mujeres hermosas

Qué bueno ir lejos en el cuerpo de las mujeres hermosas, nadar
de una a otra en la misma fragancia sin atender a la ligereza
   de su nuca, únicamente
ir de destello en destello en el oleaje
de sus rodillas cuya litúrgica armazón guarda el principio
de la Especie en el umbral
de algo fresco, más fresco que cualquier cutis
de cualquier desnudez,
                       me distraigo
en esto, qué bueno ir lejos
en esos cuerpos que andan por ahí veloces.

Wie gut, weit zu schweifen im Körper der schönen Frauen

Wie gut, weit zu schweifen im Körper der schönen Frauen,
   zu schwimmen
von einer zur andern im gleichen Wohlgeruch ohne der Leichtheit
   ihres Nackens zu achten, lediglich
von Funkeln zu Funkeln zu gehen im Gewoge
ihrer Knie, deren liturgisches Gerüst den Ursprung der Gattung
wahrt an der Schwelle
zu etwas frischem, frischerem als jegliche Haut
irgendwelcher Nacktheit,
                      darin verliere
ich mich, wie gut, weit zu schweifen
in diesen Körpern, die sich hier so behende bewegen.

Carta de amor

Celébrote a máquina sin más laúd
que este áspero
teclado de la A a la Z, dígote cuánto
ámote del tacón
al pelo, esté ese pelo
donde esté, en lo alto o
en lo secreto de tu fragancia, espérote
esperándote parado aquí a
las 7 bajo el humo
del reloj. Y
otra cosa: fíjate en las nubes
pero sin llorar donde está escrito
casi todo
lo blanco y veloz de esta
página dactílica, llámame
por teléfono al
número 00-00-0.

Liebesbrief

Ich preise dich auf der Maschine als Laute nur
diese spröde
Tastatur von A bis Z, sag dir wie
lieb ich dich hab von der Sohle
zum Haar, egal wo
das Haar, ganz oben
oder im Geheimen deines Wohlgeruchs, ich wart auf dich
steh hier wartend herum um sieben
unter dem Rauch
der Uhr. Und
noch was: Gib acht auf die Wolken
doch ohne zu weinen wo vermerkt steht
fast all
das Weiße und Rasche dieses
daktylischen Blatts, ruf mich doch
an unter der
Nummer 00-00-0.

No escribas diez poemas a la vez

No escribas diez poemas a la vez parece decirme la lectora,
escribe cuatro: uno
a mis ojos, otro
a mis axilas de perra, otro al Dios
que hay en mí en lo sagrado
de los meses, y si te queda tiempo no escribas
el último, ponte en mi caso, estoy
tan triste, llena de hombre
con tanta vibración de hombre en el espinazo, y adentro
tanto otro fulgor que duerme en mí, a tan
sangrientos días del parto.

Schreib nicht zehn Gedichte auf einmal

Schreib nicht zehn Gedichte auf einmal, will mir wohl die
    Leserin sagen,
schreib vier: eins
auf meine Augen, noch eins
auf meine Achseln einer Hündin, noch eins auf den Gott
in mir im Heiligen
der Monate, und wenn dir Zeit bleibt, schreib
das letzte nicht, versetz dich in meine Haut, ich bin
so traurig, so voll von Mann,
so voll der Vibration des Mannes im Rückgrat, und in mir
drinnen schläft noch solch ein Glanz, so viele
blutige Tage nach der Geburt.

Enigma de la deseosa

Muchacha imperfecta busca hombre imperfecto
de 32, exige lectura
de Ovidio, ofrece: a) dos pechos de paloma,
b) toda su piel liviana
para los besos, c) mirada
verde para desafiar el infortunio
de las tormentas;
                      no va a las casas
ni tiene teléfono, acepta
imantación por pensamiento. No es Venus;
tiene la voracidad de Venus.

Rätsel der Begehrenden

Unvollkommenes Mädchen sucht unvollkommenen Mann
von 32, fordert Lektüre
Ovids, bietet: a) zwei Taubenbrüste,
b) ihre gesamte leichte Haut
zum Küssen, c) grünen
Blick, um dem Unheil der Gewitter
zu trotzen;
        macht keine Hausbesuche
und hat kein Telephon, läßt sich magnetisieren
durch Gedankenübertragung. Ist nicht Venus;
hat die Gefräßigkeit von Venus.

Asma es amor

A Hilda, mi centaura

Más que por la A de amor estoy por la A
de asma, y me ahogo
de tu no aire, ábreme
alta mía única anclada ahí, no es bueno
el avión de palo en el que yaces con
vidrio y todo en esas tablas precipicias, adentro
de las que ya no estás, tu esbeltez
ya no está, tus grandes
pies hermosos, tu espinazo
de yegua de Faraón, y es tan difícil
este resuello, tú
me entiendes: asma
es amor.

Asthma ist Amor

Für Hilda, meine Zentaurin

Mehr als das A von Amor mag ich das A
von Asthma, und dein Atemmangel
presst mir den Hals zu, ach öffne mich
meine Große, Einzige, die da ankert, gar nicht gut
das hölzerne Aeroplan, wo du eingesargt liegst mit
Glas und allem in abgründigem Bretterkasten, darin
du nicht mehr bist, deine schlanke Gestalt
ist nicht mehr da, deine herrlichen
großen Füße, dein Rückgrat
einer Pharaonenstute, und allzu schwer
schnauft es sich, du
hast mich verstanden: Asthma
ist Amor.

Teresa

En cuanto a mí, me embrutecí
de ti oliéndote al galope todo el cuero, esto es
toda la fragancia de la armazón, el triángulo
convulso, me
—a lo largo de tu espinazo— embrutecí
de ti, por
demasiada arpa, por
viciosilla arcangélica, aleteante
la nariz, por pájara
afro y a la vez exenta, por
motora a diez mil, por
oxígena de mi oxígeno me
embrutecí de ti, por
esas dos rodillas
que guardaron todo el portento
diáfano, por
flaca, por
alguna otra vertiente
que no sé, por adivina
entre las adivinas esto quiere decir por puta
entre las putas, por santa
que me dio a comer visiones en
la mácula de la locura
del castillo interior que ando buscando en
la reniñez, por
la gran Teresa caliente de Babilonia que eres, alta
y sagrada, por
cuanta hermosura enloquecedora hay en la Poesía para mí
me embrutecí de ti.

Theresa

Was mich betrifft, bin schon ganz wild
nach dir, hab im Galopp dein Fell gerochen, will sagen
den ganzen Wohlgeruch der Armierung, den Dreiecks-
Wirbel, bin
– dein Rückgrat entlang – wild nach dir
geworden, du
Überharfe, du
erzengelhaft Durchtriebene mit der bebenden
Nase, du Afro-
Vogelfrau und ach so Freie, du
Motorin auf 10.000 UpM, du Oxygenin
meines Oxygens, so bin ich
wild nach dir, ob
dieser zwei Knie,
die ihr ganzes durchscheinendes
Wunderwerk wahrten, ob
deiner Schlankheit, ob
weiß nicht welcher anderen
Eigenschaft, du Seherin
unter den Seherinnen, will sagen Hure
unter den Huren, du Heilige,
die mich mit Visionen speiste im
Makel der Verrücktheit
der inneren Burg, die ich im
Wiederkindsein suche, du
große heiße Theresa von Babylon, du, hochragende,
heilige, ob all
der wahntreibenden Schönheit, die es für mich in der Poesie gibt,
wurde ich wild nach dir.

A lo que ella aullando:

—«Tengo una grande y determinada determinación de no parar hasta llegar, venga lo que viniere, suceda lo que sucediere, trabaje lo que trabajare, murmure quien murmurare, siquiera me muera en el camino, siquiera se hunda el Mundo».

Darauf sie, aufheulend:
„Ich habe eine große und entschlossene Entschlossenheit, nicht vor dem Ziel aufzugeben, was immer da komme, was immer geschehe, was immer getan werde, wer immer da murmelt, und wenn ich unterwegs sterbe, und wenn die Welt zugrunde geht."

¿Quién me llama en la niebla?

Wer ruft nach mir im Nebel?

Al silencio

Oh voz, única voz: todo el hueco del mar,
todo el hueco del mar no bastaría,
todo el hueco del cielo,
toda la cavidad de la hermosura
no bastaría para contenerte,
y aunque el hombre callara y este mundo se hundiera
oh majestad, tú nunca,
tú nunca cesarías de estar en todas partes,
porque te sobra el tiempo y el ser, única voz,
porque estás y no estás, y casi eres mi Dios,
y casi eres mi padre cuando estoy más oscuro.

An die Stille

Oh Stimme, einzige Stimme, das ganze Hohl des Meeres,
das ganze Hohl des Meeres genügte nicht
das ganze Hohl des Himmels,
das ganze Gewölbe der Schönheit
genügte nicht, dich zu fassen,
und schwiege selbst der Mensch und versänke diese Welt,
oh Majestät, niemals
niemals hörtest du auf, allda zu sein,
denn Zeit eignet dir reichlich und Sein, einzige Stimme,
denn du bist da und bist nicht da, bist fast mein Gott,
bist fast mein Vater, wenn ich am Dunkelsten bin.

Los niños

–Entre una y otra sábana o, aún más rápido que eso en un mordisco, nos hicieron desnudos y saltamos al aire ya feamente viejos, sin alas, con la arruga de la tierra.

Die Kinder

– Zwischen dem einen und dem anderen Laken, oder noch schneller,
   in einem Biss,
machten sie uns nackt und wir sprangen an die Luft schon häßlich alt,
flügellos, mit der Runzel der Erde.

Los días van tan rápidos

Los días van tan rápidos en la corriente oscura que toda salvación
se me reduce apenas a respirar profundo para que el aire dure
   en mis pulmones
una semana más, los días van tan rápidos
al invisible océano que ya no tengo sangre donde nadar seguro
y me voy convirtiendo en un pescado más, con mis espinas.

Vuelvo a mi origen, voy hacia mi origen, no me espera
nadie allá, voy corriendo a la materna hondura
donde termina el hueso, me voy a mi semilla,
porque está escrito que esto se cumpla en las estrellas
y en el pobre gusano que soy, con mis semanas
y los meses gozosos que espero todavía.

Uno está aquí y no sabe que ya no está, dan ganas de reírse
de haber entrado en este juego delirante,
pero el espejo cruel te lo descifra un día
y palideces y haces como que no lo crees,
como que no lo escuchas, mi hermano, y es tu propio sollozo
   allá en el fondo.

Si eres mujer te pones la máscara más bella
para engañarte, si eres varón pones más duro
el esqueleto, pero por dentro es otra cosa,
y no hay nada, no hay nadie, sino tú mismo en esto:
así es que lo mejor es ver claro el peligro.

Die Tage eilen so rasch dahin

Die Tage eilen so rasch dahin im dunklen Strom und mir bleibt nur
tief einzuatmen, auf dass ich noch genügend Luft
   in den Lungen behalte
für eine weitere Woche, die Tage eilen so rasch dahin
zum unsichtbaren Ozean und mir fehlt das Blut um sicher
   zu schwimmen,
und ich werde zum Fisch unter Fischen, mit all meinen Gräten.

Ich kehre zum Ursprung zurück, gehe zum Ursprung, da erwartet
mich niemand, ich eile zur mütterlichen Tiefe,
wo der Knochen endet, zu meinem Saatkorn geh ich,
denn geschrieben steht, dies erfülle sich in den Sternen
und im armseligen Wurm, der ich bin, mit den Wochen
und Monaten der Lust, die ich noch erwarte.

Man ist hier und weiß nicht, dass man nicht mehr ist, wie lachhaft,
hast dich da auf ein gar irrwitzig Spiel eingelassen,
allein der grausame Spiegel entziffert es dir dereinst,
und du erbleichst, ganz so als glaubtest du es nicht,
als wollest du's nicht hören, Bruder, und das Schluchzen dort unten,
   es ist dein eigenes.

Bist du Frau, setzt du deine schönste Maske auf
um dich zu betrügen, bist du Mann, stählst du
dein Skelett, allein da drinnen sieht es anders aus,
da ist nichts, da ist niemand als nur du selbst:
so ist es besser, der Gefahr ins Aug zu blicken.

Estemos preparados. Quedémonos desnudos
con lo que somos, pero quememos, no pudramos
lo que somos. Ardamos. Respiremos
sin miedo. Despertemos a la gran realidad
de estar naciendo ahora, y en la última hora.

A Vicente Gerbasi

Seien wir bereit. Lasst uns nackt dastehn
mit dem, was wir sind, dem Feuer, nicht der Fäulnis
gebührt, was wir sind. Lasst uns brennen und atmen
ohne Angst. Und aufwachen vor der großen Wirklichkeit,
jetzt geboren zu werden und in unserer letzten Stunde.

Für Vicente Gerbasi

Oscuridad hermosa

Anoche te he tocado y te he sentido
sin que mi mano huyera más allá de mi mano,
sin que mi cuerpo huyera, ni mi oído:
de un modo casi humano
te he sentido.

Palpitante,
no sé si como sangre o como nube
errante,
por mi casa, en puntillas, oscuridad que sube,
oscuridad que baja, corriste, centelleante.

Corriste por mi casa de madera
sus ventanas abriste
y te sentí latir la noche entera,
hija de los abismos, silenciosa,
guerrera, tan terrible, tan hermosa
que todo cuanto existe,
para mí, sin tu llama, no existiera.

Schöne Dunkelheit

Habe dich gestern Nacht berührt und habe dich gespürt,
ohne dass meine Hand weiter als meine Hand geflohen wäre,
ohne dass mein Leib geflohen wäre, oder mein Gehör:
auf fast menschliche Art
habe ich dich gespürt.

Pochend,
weiß nicht, wie Blut oder wie ziehende
Wolke,
in meinem Haus, auf Zehenspitzen, Dunkelheit, die steigt,
Dunkelheit, die sinkt, so liefst du, funkelnd.

Liefst durch mein Holzhaus,
öffnetest seine Fenster,
und ich spürte dein Pochen die ganze Nacht,
Tochter der Abgründe, stille,
kriegerische, so schreckliche, so schöne,
dass alles, was ist,
ohne deine Flamme für mich nicht wäre.

Juguemos al gran juego

Juguemos al gran juego de volar
en esta silla: el mundo es un relámpago.

Entro en Pekín, y caigo de cabeza en el Támesis.
Duermo en la tumba etrusca de Tarquinia.

Me troncho el pie en Caracas si te busco en París
y despierto en un muelle de Nueva York sangrando.

Pero me sale a abrir la muchacha bellísima
de Praga, cuando el viento me arrebata en Venecia.

Arcángeles y sputniks saltan el frenesí
y me estallan los sesos. Déjame en Buenos Aires.

Todo y todo es en México lo que empieza en Moscú
y en la rueda, de un trago, llego a Valparaíso.

Spielen wir das große Spiel

Spielen wir das große Spiel und fliegen
auf diesem Stuhl: die Welt ist ein Blitz.

Schon bin ich in Peking und stürze kopfüber in die Themse.
Ich schlafe in einem etruskischen Grab in Tarquinia.

Such ich dich in Paris, stauch ich mir den Fuß in Caracas
und wache blutend auf an einem Kai von New York.

Aber es öffnet mir das bildschöne Mädchen
von Prag, wenn der Wind mich wegfegt aus Venedig.

Erzengel und Sputniks bringen in frenetischem Wirbel
mein Hirn zum Platzen. So lass mich in Buenos Aires.

Alles, einfach alles ist in Mexiko, was in Moskau beginnt,
und auf dem Rad erreich ich in einem Schluck Valparaíso.

Elohím

No discuto
cuántas son las estrellas inventadas por Dios,
no discuto las partes de las flores
pero veo el color de la hermosura,
la pasión de los cuerpos que han perdido sus alas
en el vuelo del vicio;

entonces se me sube la sangre a la cabeza
y me digo por qué
Dios y no yo, que también ardo
como Él en el relámpago
único de la Eternidad.

1946

Elohim

Ich streite nicht
über die Zahl der von Gott erfundenen Sterne,
ich streite nicht über die Teile der Pflanzen,
sehe aber die Farben ihrer Schönheit,
die Passion der Körper, die ihre Flügel verloren
im Sturzflug des Lasters.

Da steigt mir das Blut zu Kopf
und ich frage mich, wieso
Gott und nicht ich, der ich lodere
wie Er im einzigen
Blitz der Ewigkeit.

                        1946

Contra la muerte

Me arranco las visiones y me arranco los ojos cada día que pasa.
No quiero ver ¡no puedo! ver morir a los hombres cada día.
Prefiero ser de piedra, estar oscuro,
a soportar el asco de ablandarme por dentro y sonreír
a diestra y siniestra con tal de prosperar con mi negocio.

No tengo otro negocio que estar aquí diciendo la verdad
en mitad de la calle y hacia todos los vientos:
la verdad de estar vivo, únicamente vivo,
con los pies en la tierra y el esqueleto libre en este mundo.

¿Qué sacamos con eso de saltar hasta el sol con nuestras máquinas
a la velocidad del pensamiento, demonios: qué sacamos
con volar más allá del infinito
si seguimos muriendo sin esperanza alguna de vivir
fuera del tiempo oscuro?

Dios no me sirve. Nadie me sirve para nada.
Pero respiro, y como, y hasta duermo
pensando que me faltan unos diez o veinte años para irme
de bruces, como todos, a dormir en dos metros de cemento allá abajo.

No lloro, no me lloro. Todo ha de ser así como ha de ser,
pero no puedo ver cajones y cajones
pasar, pasar, pasar, pasar cada minuto
llenos de algo, rellenos de algo, no puedo ver
todavía caliente la sangre en los cajones.

Wider den Tod

Ich reiße mir die Visionen, reiße mir die Augen heraus an jedem Tag,
   der vergeht,
Ich kann nicht, will nicht die Menschen täglich sterben sehen!
Lieber bin ich Stein, bin dunkel,
als den Ekel zu ertragen, im Innern aufzuweichen, rechts und links
zu lächeln, nur damit mein Geschäft blüht.

Mein einziges Geschäft ist hier zu sein, die Wahrheit zu sagen
mitten auf der Straße und in alle Winde:
die Wahrheit am Leben zu sein, nur am Leben
mit den Füßen auf der Erde und dem Skelett frei in dieser Welt.

Was bringt es uns, zur Sonne zu springen mit unsren Maschinen
im Tempo des Denkens, zum Teufel, was bringt es uns,
noch hinter die Unendlichkeit zu fliegen,
wenn wir weitersterben ohne jede Hoffnung auf ein Leben
fernab der dunklen Zeit?

Gott nützt mir nicht. Niemand nützt mir etwas.
Doch ich atme und esse und schlafe gar
und denke, dass mir so zehn oder zwanzig Jahre fehlen, bis ich jäh
verschwinde wie alle, um dort unten in zwei Metern Zement
   zu schlafen.

Ich weine, beweine mich nicht. Alles muss seinen Gang gehen,
aber ich kann nicht sehen, wie Särge und wieder Särge
vorüber-, vorüber-, vorüber-, vorüberziehen jede Minute,
angefüllt mit etwas, vollgefüllt mit etwas, ich kann nicht
das noch warme Blut in den Särgen sehen.

Toco esta rosa, besos sus pétalos, adoro
la vida, no me canso de amar a las mujeres: me alimento
de abrir el mundo en ellas. Pero todo es inútil,
porque yo mismo soy una cabeza inútil
lista para cortar, pero no entender qué es eso
de esperar otro mundo de este mundo.

Me hablan del Dios o me hablan de la Historia. Me río
de ir a buscar tan lejos la explicación del hambre
que me devora, el hambre de vivir como el sol
en la gracia del aire, eternamente.

Ich berühre diese Rose, küsse ihre Blütenblätter, bete
das Leben an, werde der Liebe der Frauen nicht müde,
   nähre mich davon,
die Welt in ihnen aufzutun. Doch alles ist unnütz,
denn ich selbst bin ein unnützer Kopf,
bereit abgeschlagen zu werden, weil ich nicht begreife, was es heißt,
eine andere Welt von dieser Welt zu erhoffen.

Man spricht zu mir von Gott oder der Geschichte. Lachen macht mich
der Versuch, die Erklärung für den Hunger, der mich verzehrt,
so weitab zu suchen, den Hunger, zu leben wie die Sonne
in der Anmut der Luft, auf ewig.

El espejo

Sólo se aprende aprende aprende
de los propios propios errores.

Der Spiegel

Man lernt lernt lernt nur
aus den eigenen eigenen Fehlern.

Daimon del domingo

Entre la Biblia de Jerusalén y estas moscas que ahora andan ahí volando, prefiero estas moscas. Por 3 razones las prefiero:

1) porque son pútridas y blancas con los ojos azules y lo procrean todo en el aire como riendo,

2) por eso velocísimo de su circunstancia que ya lo sabe todo desde mucho antes del Génesis,

3) por además leer el Mundo como hay que leerlo: de la putrefacción a la ilusión.

Sonntagsdaimon

Von der Jerusalemer Bibel und diesen Fliegen, die hier so herumfliegen, ziehe ich diese Fliegen vor. Aus 3 Gründen ziehe ich sie vor:

1) weil sie aasig und weiß sind mit blauen Augen und alles wie unter Lachen in der Luft zeugen,
2) weil die irre Schnelligkeit, wie sie herumwuseln, um alles weiß schon lange vor der Genesis,
3) weil sie die Welt zudem lesen, wie sich's gehört: von der Aasfäule zur Illusion.

Del animal que me rodea a medida que voy saliendo

El mismo pensamiento que esta mañana era un pez
entre los parietales nadando en lo alto de ese equilibrio, ciego
y lúcido más tarde
hacia las 3 en lo intercostal de otro ritmo: –Ánimo,
me dijo, hay además
otra mariposa fuera de la belleza
de este centelleo,
irás viéndola
hilándola en ti con fascinación
verdemente.

A Joachim Sartorius

Von dem Tier, das mich umgibt, derweil ich schlüpfe

Derselbe Gedanke, der heute früh Fisch war,
oben hinter den Scheitelbeinen im Gleichgewicht schwamm, blind
und luzide, später dann
gegen 3 interkostal, in anderem Rhythmus: Nur Mut,
sagte er mir, da ist noch
ein Schmetterling außerhalb der Schönheit
dieses Gefunkels,
du wirst ihn sehen,
ihn in dir spinnen mit frischgrüner
Faszination.

Für Joachim Sartorius

Versículos

A esto vino al mundo el hombre, a combatir
la serpiente que avanza en el silbido
de las cosas, entre el fulgor
y el frenesí, como un polvo centelleante, a besar
por dentro el hueso de la locura, a poner
amor y más amor en la sábana
del huracán, a escribir en la cópula
el relámpago de seguir siendo, a jugar
este juego de respirar en el peligro.

A esto vino al mundo el hombre, a esto la mujer
de su costilla: a usar este traje con usura,
esta piel de lujuria, a comer este fulgor de fragancia
cortos días que caben adentro de unas décadas
en la nebulosa de los milenios, a ponerse
a cada instante la máscara, a inscribirse en el número de los justos
de acuerdo con las leyes de la historia o del arca
de la salvación: a esto vino el hombre.

Hasta que es cortado y arrojado a esto vino, hasta que lo desovan
como a un pescado con el cuchillo, hasta
que el desnacido sin estallar regresa a su átomo
con la humildad de la piedra,
               cae entonces,
               sigue cayendo nueve meses, sube
               ahora de golpe, pasa desde la oruga
               de la vejez a otra mariposa
               distinta.

Sprüche

Dazu kam der Mann in die Welt, die Schlange
zu bekämpfen, die im Zischeln der Dinge
vorschießt, zwischen Flimmer
und Frenesie, wie ein funkelnder Staub, um von innen
den Knochen des Wahnsinns zu küssen, um Liebe
und nochmals Liebe auf das Laken des Orkans
zu legen, um im Beischlaf
den Blitz des Weiterlebens zu schreiben, um das Spiel
des Atmens in der Gefahr zu spielen.

Dazu kam der Mann in die Welt, dazu die Frau
aus seiner Rippe, dies Gewand mit Wucher zu tragen,
diese Haut der Wollust, den Glanz des Wohlgeruchs zu essen
kurze Tage nur, die Platz finden in ein paar Dekaden
im Nebelstreif der Jahrtausende, um sich jederzeit
die Maske aufzusetzen, sich in die Zahl der Gerechten einzuschreiben
im Einklang mit den Gesetzen der Geschichte oder der rettenden
Arche: dazu kam der Mann.

Bis er gefällt und verworfen wird, dazu kam er, bis sie ihn ausnehmen
wie einen Fisch mit dem Messer, bis dass
der Entborene ohne Knall in sein Atom zurückkriecht
mit der Demut des Steins,
        dann fällt er,
        fällt neun Monate lang, kommt
        nun jäh hervor, wandelt sich von der Made
        des Alters zu einem ganz anderen
        Schmetterling.

Ochenta veces nadie

¿Y?, rotación y
traslación, ¿nos
vemos
el XXI? ¿Nos
vamos o
nos quedamos? Van 80,
y qué.
    De nariz
van 80, de aire, de mujeres
velocísimas que amé, olí, palpé, de
mariposas maravillosas del Cáucaso irreal adonde
no se llega tan fácilmente porque no hay Cáucaso irreal, de eso
y nada van 80, de olfato
de niñez corriendo Lebu abajo, los pies
sangrientos rajados por el roquerío y el piedrerío, de eso, del
carbón pariente del diamante, de las
gaviotas libérrimas van
80, del zumbido
ronco del mar,
de la diafanidad del mar.

Habrá viejos y viejos, unos
vueltos hacia la decrepitud y otros
hacia la lozanía, yo estoy
por la lozanía, el cero
uterino es cosa de los mayas, no hay cero
ni huevo cósmico, lo que hay en este caso
—y que se me entienda de una vez— es un ocho
carnal y mortal con mis orejas de niño para oír el Mundo, un ocho
intacto y pitagórico, mis hermanos
paridos por mi madre fueron ocho, los pétalos
del loto, la rosa de los vientos, lo innumerable

Achtzig Mal Niemand

Na und? Rotation und
Translation, sehen
wir es wohl,
das 21.? Gehen
wir oder
bleiben wir? 80 sind's,
na und. Nach der Nase
sind's 80, nach der Luft, den
achsoschnellen Frauen, die ich liebte, roch, tastete, den
fabelhaften Faltern des irrealen Kaukasus, dem schwer
erreichbaren, da es keinen irrealen Kaukasus gibt, danach
und nichts sind's 80, nach dem Geruchssinn
der Kindheit, Lebu hinabrennend, die Füße
blutig gerissen an Geröll und Gestein, nach dem, nach
der diamantverwandten Kohle, den
so freien Möwen sind's
80, nach dem heiseren
Gebraus des Meeres,
der gläsernen Klarheit des Meeres.

Es gibt wohl Alte und Alte, die einen
der Hinfälligkeit verschrieben und andere
dem blühenden Leben, ich setze
auf das blühende Leben, die Urmutter-
Null ist Sache der Mayas, kosmisch sind weder
die Null noch das Ei, wir haben es hier zu tun
– und man verstehe mich recht – mit einer Acht
aus Fleisch und Tod mit Kinderohren, die Welt zu hören, eine
intakte und pythagoräische Acht, meine Geschwister
mütterlicherseits waren acht, die Blütenblätter
des Lotus, die Windrose, das Unzählbare

de la Eternidad, mi primer salto al vacío
desde el muelle de fierro contra el oleaje, ahí voy. Difícil
ocho mío nadar con este viejo a cuestas.

Bueno, y si muero el cero ya es otra cosa
y eso se verá si es que procede
el mérito del resurrecto. La apuesta es ahora,
ese ahora libertino cuando uno
todavía echa semen sagrado en las muchachas, y
no escarmienta, construye casas,
palafitos airosos construye para desafiar al esqueleto, viaja,
odia la televisión, vive solo
en su casa larga de Chillán de Chile, unos setenta
metros de nadie, cuida
las rosas, acepta las espinas, se
aparta al diálogo con su difunta, rema en el aire
a lo galeote, como antes, todo en él es antes, el
encantamiento es antes, el
sol es antes, el amanecer,
las galaxias son antes.

Así las cosas, ¿nos entonces vemos
el XXI? Los
verdaderos poetas son de repente: nacen
y desnacen en cuatro líneas, y
nada de obras completas,
        otros
entreleen a su Homero por ahí en inglés entre el ruido
de los aeropuertos a falta de Ilión,
            Hölderlin
fue el último que habló con los dioses,
           yo
no puedo. El Hado
no da para más pero hablando en confianza ¿quién
da para más?, ¿el aquelarre

der Ewigkeit, mein erster Sprung in die Leere
von der eisernen Mole wellenwärts. Da geh ich. Schwer,
meine Acht, schwimmt sich's mit diesem Alten huckepack.

Gut, und sterb ich, ist die Null eine andere Sache,
und man wird's sehen, so etwas dran ist
am Verdienst des Auferstandenen. Die Wette gilt jetzt,
dies anarchische Jetzt, wenn einer
noch heiligen Samen in die Mädchen spritzt, und
sich nicht schickt, Häuser errichtet,
luftige Pfahlbauten errichtend dem Skelett trotzt, reist,
das Fernsehen hasst, allein lebt
in seinem langen Haus in Chillán, Chile, ganze siebzig
Niemandsmeter, die Rosen
hegt, die Dornen hinnimmt, sich absondert
zum Gespräch mit seiner Verstorbenen, in der Luft rudert
wie ein Galeerensklave, wie früher, alles ist ihm früher, die
Verzauberung ist früher, die
Sonne ist früher, das Morgenrot,
die Milchstraßen sind früher.

So also wär's. Also sehn wir es wohl,
das 21.? Die
wahren Dichter sind's plötzlich: werden
und vergehen in vier Zeilen, und
von wegen gesammelte Werke,
        Andere
vernehmen ihren Homer auf Englisch im Lärm
der Flughäfen aus Mangel an Ilion,
             Hölderlin
sprach als letzter mit den Göttern,
        ich
kann's nicht. Mehr gibt
das Fatum nicht her, aber im Vertrauen gesprochen, wer
gibt mehr? Der Hexensabbat

de los nuevos brujos de la Física?, ¿el amor?, pero
¿qué se ama cuando se ama?, ¿las estrellas?, pero ¿quiénes
son las estrellas profanadas como están por las
máquinas del villorrio?
      Lo
irreparable es el hastío.

der neuen Gurus der Physik? Die Liebe? Aber
was liebt man, wenn man liebt? Die Sterne? Aber wer
sind schon die Sterne, die so schnöde entweihten durch
die Maschinen des Weltdorfs?
                    Das
Irreparable ist der Überdruss.

Época mía la turbia

Meine ach so wirre Zeit

Carbón

Veo un río veloz brillar como un cuchillo, partir
mi Lebu en dos mitades de fragancia, lo escucho,
lo huelo, lo acaricio, lo recorro en un beso de niño como entonces
cuando el viento y la lluvia me mecían, lo siento
como una arteria más entre mis sienes y mi almohada.

Es él. Está lloviendo.
Es él. Mi padre viene mojado. Es un olor
a caballo mojado. Es Juan Antonio
Rojas sobre un caballo atravesando un río.
No hay novedad. La noche torrrencial se derrumba
como mina inundada, y un rayo la estremece.

Madre, ya va a llegar: abramos el portón,
dame esa luz, yo quiero recibirlo
antes que mis hermanos. Déjame que le lleve un buen vaso de vino
para que se reponga, y me estreche en un beso,
y me clave las púas de su barba.

Ahí viene el hombre, ahí viene
embarrado, enrabiado contra la desventura, furioso
contra la explotación, muerto de hambre, allí viene
debajo de su poncho de Castilla.

Kohle

Einen schnellen Fluss sehe ich wie ein Messer blitzen, mein Lebu
in zwei Hälften Wohlgeruch zerteilen, ich höre ihm zu,
rieche ihn, liebkose ihn, bedecke ihn mit Kindeskuss wie einst,
als Wind und Regen mich wiegten, ich fühle ihn wie eine Ader
mehr zwischen meinen Schläfen und dem Kissen.

Er ist's. Es regnet.
Er ist's. Mein Vater kommt nass herein. Es riecht
nach nassem Pferd. Juan Antonio Rojas
ist's, der zu Pferd den Fluss durchquert.
Keine Neuigkeiten. Die Unwetternacht fällt zusammen
wie ein gefluteter Stollen und sie erschaudert im Blitz.

Mutter, gleich wird er kommen. Öffnen wir das Tor,
gib mir das Licht, noch vor meinen Geschwistern
will ich ihn empfangen. Lass mich ihm ein gutes Glas Wein bringen,
damit er sich erholt, mich drückt und küsst
und mich mit seinen Bartstoppeln sticht.

Da kommt der Mann, kommt lehmverschmiert,
aufgebracht gegen das Mißgeschick, wutentbrannt
gegen die Ausbeutung, todhungrig, da kommt er
unter seinem kastilischen Poncho.

Ah, minero inmortal, ésta es tu casa
de roble, que tú mismo construiste. Adelante:
te he venido a esperar, yo soy el séptimo
de tus hijos. No importa
que hayan pasado tantas estrellas por el cielo de estos años,
que hayamos enterrado a tu mujer en un terrible agosto,
porque tú y ella estáis multiplicados. No
importa que la noche nos haya sido negra
por igual a los dos.
                –Pasa, no estés ahí
mirándome, sin verme, debajo de la lluvia.

Ach, unsterblicher Bergmann, dies ist dein Haus
aus Eiche, das du selbst erbaut. Tritt ein,
ich habe dich schon erwartet. Ich bin das siebte
deiner Kinder. Unwichtig,
dass so viele Sterne über den Himmel dieser Jahre gezogen sind,
dass wir deine Frau begraben haben in einem furchtbaren August,
denn du und sie, ihr seid viele geworden. Unwichtig,
dass die Nacht uns beiden
gleich schwarz gewesen ist,
       – Komm, bleibt nicht dort stehen
und schau mich nicht so an, ohne mich zu sehen, im Regen.

Los letrados

Lo prostituyen todo
con su ánimo gastado en circunloquios.
Lo explican todo. Monologan
como máquinas llenas de aceite.
Lo manchan todo con su baba metafísica.

Yo los quisiera ver en los mares del sur
una noche de viento real, con la cabeza
vaciada en frío, oliendo
la soledad del mundo,
sin luna,
sin explicación posible,
fumando en el terror del desamparo.

                                        1940

Die Gelehrten

Sie prostituieren alles
mit ihrem in Umschweifen abgenutzten Gemüt.
Alles erklären sie. Monologisieren
wie öltriefende Maschinen.
Beflecken alles mit ihrem metaphysischen Geifer.

Ich möchte sie in den Meeren des Südens sehen
in einer echten Sturmnacht, den Kopf
von der Kälte entleert, wie sie riechen
die Einsamkeit der Welt,
ohne Mond,
ohne handliche Erklärung,
rauchend im Schrecken der Verlorenheit.

                                        1940

Domicilio en el Báltico

Tendré que dormir en alemán, aletear,
respirar si puedo en alemán entre
tranvía y tranvía, a diez kilómetros
de estridencia amarilla por hora, con esta pena
a las 5.03,
      ser exacto
y silencioso en mi número como un lisiado
más de la guerra, mimetizarme coleóptero
blanco.

Envejecer así, pasar aquí veinte años de cemento
previo al otro, en este nicho
prefabricado, barrer entonces
la escalera cada semana, tirar la libertad
a la basura en esos tarros
grandes bajo la nieve,
          agradecer,
sobre todo en alemán agradecer,
supongo, a Alguien.

Ostsee-Domizil

Nun heißt es, auf Deutsch schlafen, Flügel schlagen,
auch atmen, so ich vermag, auf Deutsch, zwischen
zwei Straßenbahnen und ihrem gelben Kreischen
bei 10 km/h mit all dem Leid
um 5.03,
      akkurat
und schweigsam sein in meiner Zahl gleich einem
Kriegsversehrten mehr, in mein weißes Käfer-Tarnkleid
schlüpfen.

Dergestalt altern, hier zwanzig Jahre aus Zement
vor jenem andern verbringen, in dieser Fertigbau-
Grabstatt, sodann allwöchentlich
die Treppe fegen, die Freiheit
in jene mächtigen Mülltonnen
unter der Schneehaube werfen,
      dankbar sein,
vor allem auf Deutsch dankbar sein,
einem, vermute ich, Irgendwem.

Reversible

1

De cuantas décadas velocísimas ninguna como la ópera
aullante de las estrellas
de este sur
masacrado y sitiado hasta
el amanecer, lúgubres las pausas
en la artillería del miedo, un arco
sanguinario por horizonte del que llueve
plomo y pesadumbre

2

a lo largo del litoral de cinco mil kilómetros; un tiro
en la nuca de la bellísima
república de las nieves cuya danza original empieza en Arauco,
   la esbeltez
legendaria, la doncellez y la altivez
descalza; un mísero
tiro traidor por la espalda: mueran los hambrientos
de la patria, vivan los caballeros,

3

como en el cataclismo de la otra aurora cuando los ríos
bajaban tintos en sangre de cóndores y Dios
era aborigen en el viento volcánico
y oceánico que nos hizo hombres
torrenciales, sin otra música
que la del peligro, con Lautaro

Reversibel

1

So viele der pfeilschnellen Dekaden, doch keine wie das
Heulkonzert der Sterne
in diesem massakrierten,
bis ins Morgengrauen belagerten
Süden, unheilvoll die Pausen
im Kanonenfeuer der Angst, ein blutroter Bogen
am Horizont, aus dem es
Blei und Betrübnis regnet

2

die ganzen fünftausend Küstenkilometer entlang; ein Genickschuss
für die achsoschöne
Republik der Schneeflocken, deren Tanz in Arauco entspringt,
   die legendäre
Schlankheit, die Jungfräulichkeit und der barfüßige
Stolz; eines Verräters
erbärmlicher Schuss von hinten; Tod den Hungernden
des Vaterlands, hoch leben die feinen Herren,

3

wie im Kataklismus des andern Morgenrots, als die Flüsse
rot vom Blut der Kondore herabströmten und Gott
ein Ureinwohner war im vulkanischen und
ozeanischen Sturm, der uns zu unbändigen Menschen
machte, als einzige Begleitmusik
die Gefahr, mit Lautaro

4

adelante de sus caballos azules en el fragor
de la primavera indomable de un Bío-Bío
largo y ancho en la eternidad, abierto a los océanos, contra el hado aciago
y el invasor, en un estrépito de voces: somos aún:
¡vivimos!; vencer,
martes once, o morir; así
se escribe la primera página
en la que andamos todavía;

5

mientras sigue el baile del Gran Milenio, la euforia
del Führer fantasmal, lucientes
las botas arrogantes, un zumbido
de gaseados
de Buchenwald entre las nubes
de Dawson:
        –¿Hasta el sol
era entonces
reversible?

4

vorn bei seinen blauen Pferden im Getöse
des unbeugsamen Frühlings eines langen und breiten
Bío-Bío in der Ewigkeit, offen zu den Ozeanen, wider das Unheilsgeschick
und den Eindringling, in lautem Stimmengewirr: noch sind wir:
Wir leben! Sieg am
Dienstag dem 11. oder Tod, so
wird die erste Seite geschrieben,
auf der wir uns noch befinden;

5

derweil der Tanz des Großen Milleniums weitergeht; die Euphorie
des gespenstischen Führers, mit dem Glanz
seiner arroganten Stiefel, ein Geschwirr
von Vergasten
aus Buchenwald zwischen den Wolken
von Dawson:
        – War damals gar
die Sonne
reversibel?

Octubre ocho

Así que me balearon la izquierda, ¡lo que anduve
con esta pierna izquierda por el mundo! Ni un árbol
para decirle nada, y víboras, y víboras,
víboras como balas, y agárrenlo y reviéntenlo,
y el asma, y otra cosa,
y el asma, y son las tres. Y el asma, el asma, el asma.

Así que son las tres, o ya no son las tres,
ni es el ocho, ni octubre. Así que aquí termina
la quebrada del Yuro, así que la Quebrada
del Mundo, y va a estallar. Así que va a estallar
la grande, y me balearon en octubre.

Así que daban cinco mil dólares por esto, o eran cincuenta mil,
sangre mía, por esto que fuimos y que somos,
¡y todo lo que fuimos y somos! Cinco mil
por mis ojos, mis manos, cincuenta mil por todo,
con asma y todo. Y eso, roncos pulmones míos,
que íbamos a cumplir los cuarenta cantando.

Cantando los fatídicos mosquitos de la muerte:
arriba, arriba, arriba los pobres, la conducta
de la línea de fuego, bienvenida la ráfaga
si otros vienen después. Vamos, vamos veloces,
vamos veloces a vengar al muerto.

Achter Oktober

So haben sie mir also das linke zerschossen. Was bin ich doch
mit diesem linken Bein durch die Welt gegangen! Und kein Baum,
dem ich etwas sagen könnte, und Schlangen, und Schlangen,
Schlangen wie Kugeln, und packt ihn und macht ihn fertig,
und das Asthma, und dann noch das andere,
und das Asthma, und drei ist es. Und das Asthma, das Asthma,
  das Asthma.

So ist es also drei, oder schon nicht mehr drei,
weder ist der achte, noch Oktober. So endet also hier
die Schlucht des Yuro, also die Schlucht
der Welt, und krachen wird es. So wird es also
gewaltig krachen, und sie haben mich zerschossen im Oktober.

So haben sie also 5 000 Dollar dafür bezahlt, oder waren es 50 000,
mein Gott, für das, was wir waren, und was wir sind.
Und was wir alles waren und sind! 5 000
für meine Augen, meine Hände, 5 000 für alles,
mit Asthma und allem. Und das, ihr heiseren Lungen,
wo wir bald singend auf die Vierzig zugingen.

Singend die Unheilfliegen des Todes:
hoch, hoch, hoch die Armen, die Tapferkeit
an der Feuerlinie, willkommen der Kugelhagel,
wenn hinter uns andere kommen. Rasch, brechen wir auf,
brechen wir rasch auf, den Toten zu rächen.

Lo mío –¿qué es lo mío?–: esta rosa, esta América
con sus viejas espinas. Toda la madrugada
me juzgan en inglés. ¿Qué es lo mío y lo mío
sino lo tuyo, hermano? La cosa fue de golpe
y al corazón. Aquí
va a empezar el origen, y cómanse su miedo.

Así que me carnearon y después me amarraron.
A Vallegrande –a qué– ¡y en helicóptero!
Bueno es regar con sangre colorada el oxígeno
aunque después me quemen y me corten las manos,
las dos manos.
–Dispara sin parar
mientras voy con Bolívar, pero vuelvo.

Lota, 1967

Mein, was ist schon mein? Diese Rose, dies Amerika
mit seinen alten Dornen. Den ganzen Morgen schon
richten sie mich auf Englisch. Was ist mein, und ist mein
nicht auch dein, Bruder? Das kam wie ein Schlag
und ins Herz. Hier
fängt der Ursprung an, und verschluckt eure Angst.

So haben sie mich also niedergemetzelt und dann gefesselt.
Nach Vallegrande – wozu – und im Hubschrauber!
Gut ist es, mit rotem Blut den Sauerstoff zu tränken,
auch wenn sie mich dann verbrennen und die Hände abhacken,
beide Hände.
– Schieß du nur weiter,
bin doch schon bei Bolívar, komme aber wieder.

Lota, 1967

Transtierro

       1

Miro el aire en el aire, pasarán
estos años cuántos de viento sucio
debajo del párpado cuántos
del exilio,

       2

       comeré tierra
de la Tierra bajo las tablas
del cemento, me haré ojo,
oleaje me haré.

       3

       parado
en la roca de la identidad, este
hueso y no otro me haré, esta
música mía córnea

       4

       por hueca.
          Parto
       soy, parto seré.
       Parto, parto, parto.

Exil

  1

Ich schaue die Luft in der Luft, es werden
so viele Jahre wieviele schmutziger Luft
unter dem Augenlid vergehen wieviele
des Exils,

  2

  ich werde Erde essen
von der Erde unter den Zement-
balken, ich werde Auge,
werde Wellengang,

  3

  stehend
auf dem Fels der Identität, werde ich mir
diesen Knochen, keinen andern machen, diese
meine hornhäutige Musik,

  4

    da hohl.
    Ich bin
  Geburt, werde Geburt sein.
  Geburt, Geburt, Geburt.

El recién nacido

Las galaxias estaban prácticamente en contacto hace seis mil
　　millones de años,
y los gallos de Einstein cantan desde otras cumbres
pero nadie los oye. Leamos en el cielo
libremente el origen.

Tú que vienes llegando con octubre gozoso
y los ojos abiertos en la luz de tu madre,
oh Gonzalo invasor, amémonos sin término
a la estrella más alta.

Todo es parte de un día para que el hombre vuelva,
para que el hombre vuelva a su morada.
Tú que entraste volando dinos qué pasa arriba,
pero sigue volando.

A mi Gonzalo hijo
con sus ojos abiertos
desde antes

Der Neugeborene

Die Galaxien waren praktisch seit sechs Milliarden Jahren in Kontakt
und Einsteins Hähne krähen von anderen Gipfeln,
doch hört sie niemand. Lesen wir frei
im Himmel den Ursprung.

Der du zu uns kommst mit heiterem Oktober
und offenen Augen im Licht deiner Mutter,
oh anstürmender Gonzalo, fessle uns ohne Ende
an den höchsten Stern.

Alles ist Teil eines Tages, damit der Mensch heimkehrt,
damit der Mensch heimkehrt in seine Wohnstatt.
Der du hereingeflogen kamst, sag uns, was dort oben vorgeht,
doch flieg nur weiter.

Meinem Sohn Gonzalo
mit seinen seither
offenen Augen

El helicóptero

Ahí anda de nuevo el helicóptero dándole vueltas y vueltas a la casa,
horas y horas, no para nunca
el asedio, ahí anda
todavía entre las nubes el moscardón con esa orden
de lo alto gira que gira olfateándonos
hasta la muerte.

Lo indaga todo desde arriba, lo escruta todo hasta el polvo con
   sus antenas
minuciosas, apunta el nombre de cada uno, el instante
que entramos a la habitación, los pasos
en lo más oscuro del pensamiento, tira la red,
la recoge con los pescados aleteantes, nos paraliza.

Máquina carnicera cuyos élitros nos persiguen hasta después
que caemos, máquina sucia,
madre de los cuervos delatores, no hay abismo
comparable a esta patria hueca, a este asco
de cielo con este cóndor venenoso, a este asco de aire,
apestado por el zumbido del miedo, a este asco
de vivir así en la trampa
de este tableteo de lata, entre lo turbio
del ruido y lo viscoso.

Der Hubschrauber

Da ist wieder der Hubschrauber, zieht Kreis um Kreis um das Haus,
Stunde um Stunde, seine Belagerung
beendet er nie, immer noch da
zwischen den Wolken die Schmeißfliege mit dem Befehl
von oben dreht sich und dreht sich und beschnüffelt uns
bis in den Tod.

Erkundet alles von oben, untersucht alles, auch den Staub,
   mit Antennen,
schreibt unser aller Namen auf, den Augenblick,
da wir das Zimmer betreten, die Schritte
im tiefsten Dunkel des Denkens, wirft das Netz aus,
holt es mit zappelnden Fischen ein, lähmt uns.

Metzelnde Maschine, deren Propellerflügel uns verfolgen noch ins
Gefängnis hinein, schmutzige Maschine,
Mutter der Denunziantenraben, kein Abgrund
ist vergleichbar diesem hohlen Land, diesem Ekel-
Himmel mit dem giftigen Kondor drin, der Ekel-Luft,
verpestet durch das Angstgesumme, diesem Ekel,
so zu leben in der Falle
des Blechgeknatters, unter dem tosenden
Lärm und der Schleimspur.

Aquí cae mi pueblo

Aquí cae mi pueblo. A esta olla podrida de la fosa
común. Aquí es salitre el rostro de mi pueblo.
Aquí es carbón el pelo y las mujeres de mi pueblo
que tenían cien hijos, y que nunca abortaban como las meretrices
de los salones refinados en que se compra la belleza.

Aquí duermen los ángeles de las mujeres que parían
todos los años. Aquí late el corazón de mis hermanos.
Mi madre duerme aquí, besada por mi padre.
Aquí duerme el origen de nuestra dignidad:
lo real, lo concreto, la libertad y la justicia.

Hier fällt mein Volk

Hier fällt mein Volk. In diesen Gemeinschaftskessel des
Massengrabs. Hier ist Salpeter das Antlitz meines Volkes.
Hier ist Kohle das Haar der Frauen meiner Heimat,
die hundert Kinder hatten und nie abtrieben wie die Huren
der feinen Salons, in denen man die Schönheit kauft.

Hier schlafen die Engel der Frauen, die alljährlich
gebaren. Hier schlägt das Herz meiner Brüder.
Meine Mutter schläft hier, von meinem Vater geküsst.
Hier schläft der Ursprung unserer Würde:
das Reale, das Konkrete, die Freiheit, die Gerechtigkeit.

Coro de los ahorcados

Doblados a la nada por el nudo, mo-
rado el sol, sus-
pendidos por lo corredizo, tensos
de espasmo y semen, co-
ronados de asco por el
estertor de nacer, id
y decid al Tercer Reich que
madre y
podredumbre
son
el
mismo
veneno.

A Günter Grass

Chor der Gehenkten

Ins Nichts geknickt vom Knoten, vio-
lett die Sonne, hän-
gend in zugezogener Schlaufe, starr
vor Spasmen und Samen, ge-
krönt vom Ekel ob des
Geburtsstöhnens, geht
und sagt dem Dritten Reich,
Mutter und
Moder
sind
ein-
und dasselbe
Gift.

Für Günter Grass

Veneno con lágrimas

Veneno con lágrimas es la fanfarria del país
cuarteado, rajado
metro a metro de su piel a hachazos, a
balazos, por orden
del aullido de las 4 cornetas, a contar
de hoy martes once a las 3
de este amanecer, veneno
con lágrimas.

Veneno con lágrimas y por lo menos dos
manos sucias detrás de esto: la uña vieja
de la baraja fría del mercader del
Oeste, la enguantada y
gélida del Este, hagan juego
señores, el reparto
de la ninguna túnica del
hambriento sin réditos
para nadie, clausurado
el cielo para él. Veneno
con lágrimas.

Veneno con lágrimas y a las parrillas con él gritó Franco, me
lo azotan repuso Stalin, me lo
lavan en la morgue con manguera por
apestado, insistió el Otro, no vaya a ser
que loco así germine
después de muerto.
                      A lo que el
loco sin hablar: –Veneno
con lágrimas.

Gift mit Tränen

Gift mit Tränen ist die Blechmusik des ausgeweideten
Landes, dessen Haut
Meter für Meter mit Axthieben, mit
Gewehrfeuer zerschlitzt wurde, angeordnet
vom Geheul der 4 Kornette, beginnend
mit dem heutigen Dienstag dem Elften um drei Uhr
in der Frühe, Gift
mit Tränen.

Gift mit Tränen und wenigstens zwei
schmutzige Hände im Hintergrund: die alte Klaue
des kalten Kartenspiels des Händlers
aus dem Westen, die behandschuhte und
eisige des Ostens, setzen Sie,
meine Herren, die Verteilung
der Niemandstunika des
Hungernden ohne Rendite
für irgendwen, verschlossen
ihm der Himmel. Gift
mit Tränen.

Gift mit Tränen und auf den Rost mit ihm schrie Franco,
peitscht ihn mir aus entgegnete Stalin, spritzt ihn mir ab,
den Pestkranken, in der Leichenhalle mit dem
Schlauch, insistierte der Andere, nicht dass etwa
der so Verrückte Keime treibt
nach dem Tod.
                    Darauf wortlos
der Verrückte: Gift
mit Tränen.

El señor que aparece de espaldas

El señor que aparece de espaldas no es feliz, ha ido
varias veces a Roma pero no es feliz, ha
meado en Roma y no tiene por qué ocultarlo pero no es feliz,
   ha desaguado
a lo largo de Asia desde los Urales a Vladivostock pero no es feliz, en
excusados de lujo en Africa pero no es feliz, encima de los aviones
vía Atenas pero no es feliz, en espacios
más bien reducidos lluviosamente en Londres al lado
de su mujer hermosa pero no es feliz, en las grandes playas de
América precolombina pero no es feliz, con un diccionario etrusco
y otro en alemán desde las tumbas Ming a las pirámides
de Egipto pero no es feliz, pensando en
cómo lo hubiera hecho Cristo pero no es feliz, mirando
arder una casa en Valparaíso pero no es feliz, riendo en New York de
un rascacielo a otro pero no es feliz, girando a
todo lo espléndido y lo mísero del planeta oyendo música en barcos
de Buenos Aires a Veracruz pero no es feliz, discutiendo
por dentro de su costado el origen pero no es feliz, acomodándose
no importa el frío contra la
pared aguantando todas las miradas
de las estrellas pero no es feliz

el señor que aparece de espaldas.

Der Herr, den man von hinten sieht

Der Herr, den man von hinten sieht, ist nicht glücklich, ist
mehrmals in Rom gewesen, ist aber nicht glücklich, hat
gepinkelt in Rom, warum auch nicht, ist aber nicht glücklich,
    hat sein Wasser abgeschlagen
quer durch Asien vom Ural bis Wladiwostok, ist aber nicht glücklich, in
Luxustoiletten in Afrika, ist aber nicht glücklich, in Flugzeugen
via Athen, ist aber nicht glücklich, in eher
engen Räumen bei Regen in London neben seiner
schönen Frau, ist aber nicht glücklich, an den großen Stränden
Altamerikas, ist aber nicht glücklich, mit etruskischem Wörterbuch
und einem auf Deutsch von den Ming-Gräbern zu den Pyramiden
Ägyptens, ist aber nicht glücklich, denkt wie es wohl
Christus gemacht hätte, ist aber nicht glücklich, sieht
ein Haus in Valparaíso brennen, ist aber nicht glücklich, lacht von
einem Wolkenkratzer New Yorks zum andern, ist aber nicht glücklich,
    umrundet
allen Glanz und alles Elend des Planeten, hört Musik auf Schiffen
von Buenos Aires nach Veracruz, ist aber nicht glücklich, diskutiert
unter seinen Rippen den Ursprung, ist aber nicht glücklich, lehnt sich
ungeachtet der Kälte an die
Wand und erduldet alle Blicke
der Sterne, ist aber nicht glücklich

der Herr, den man von hinten sieht.

Materia de testamento

A mi padre, como corresponde, de Coquimbo a Lebu, todo el mar,
a mi madre la rotación de la Tierra,
al asma de Abraham Pizarro aunque no se me entienda
   un tren de humo,
a don Héctor el apellido May que le robaron,
a Débora su mujer el tercero día de las rosas,
a mis 5 hermanas la resurrección de las estrellas,
a Vallejo que no llega, la mesa puesta con un solo servicio,
a mi hermano Jacinto, el mejor de los conciertos,
al Torreón del Renegado donde no estoy nunca, Dios,
a mi infancia, ese potro colorado,
a la adolescencia, el abismo,
a Juan Rojas, un pez pescado en el remolino con su paciencia de santo,
a las mariposas los alerzales del sur,
a Hilda, l'amour fou, y ella está ahí durmiendo,
a Rodrigo Tomás mi primogénito el número áureo del coraje
   y el alumbramiento,
a Concepción un espejo roto,
a Gonzalo hijo el salto de la Poesía por encima de mi cabeza,
a Catalina y Valentina las bodas con hermosura y espero
   que me inviten,
a Valparaíso esa lágrima,
a mi Alonso de 12 años el nuevo automóvil siglo XXI listo para el vuelo
a Santiago de Chile con sus 5 millones la mitología que le falta,
al año 73 la mierda,
al que calla y por lo visto otorga el Premio Nacional,
al exilio un par de zapatos sucios y un traje baleado,

Testamentsbekundung

Für meinen Vater, wie ihm gebührt, von Coquimbo bis Lebu
das ganze Meer,
für meine Mutter die Umdrehung der Erde,
für Abraham Pizarros Asthma, auch wenn's keiner versteht,
ein Zug aus Rauch,
für Don Hector den ihm gestohlenen Nachnamen May,
für Débor, seine Frau, den dritten Tag der Rosen,
für meine 5 Schwestern die Auferstehung der Sterne,
für Vallejo, der nicht kommt, den Tisch mit nur einem Gedeck,
für meinen Bruder Jacinto der Konzerte bestes,
für den Turm am Renegado, wo ich nie bin, Gott,
für meine Kindheit dies bunte Füllen,
für die Jugendzeit den Abgrund,
für Juan Rojas einen Fisch, im Strudel geangelt mit seiner
Lammgeduld,
für die Schmetterlinge die Lärchenwälder des Südens,
für Hilda, l'amour fou, und da liegt sie und schläft,
für Rodrigo Tomás, meinen Erstgeborenen, die goldene Ziffer
des Muts und die Erleuchtung,
für Concepción einen geborstenen Spiegel,
für Gonzalo junior den hohen Hechtsprung der Poesie über
meinen Kopf hinweg,
für Catalina und Valentina Hochzeiten in Schönheit und
hoffentlich laden sie mich ein,
für Valparaíso diese Träne,
für meinen 12-jährigen Alonso das neue Auto des 21. Jahrhunderts,
startklar zum Abheben,
für Santiago de Chile mit seinen 5 Millionen die fehlenden Mythen,
für das Jahr 73 die Scheiße,
für den, der schweigt und offensichtlich billigt, den Nobelpreis,
für das Exil ein Paar schmutzige Schuhe und einen zerschossenen
Anzug,

a la nieve manchada con nuestra sangre otro Nüremberg,
a los desaparecidos la grandeza de haber sido hombres en el suplicio
   y haber muerto cantando,
al Lago Choshuenco la copa púrpura de sus aguas,
a las 300 a la vez, el riesgo,
a las adivinas, su esbeltez
a la calle 42 de New York City el paraíso,
a Wall Street un dólar cincuenta,
a la torrencialidad de estos días, nada,
a los vecinos con ese perro que no me deja dormir, ninguna cosa,
a los 200 mineros de El Orito a quienes enseñé a leer en el
   silabario de Heráclito, el encantamiento,
a Apollinaire la llave del infinito que le dejó Huidobro,
al surrealismo, él mismo,
a Buñuel el papel de rey que se sabía de memoria,
a la enumeración caótica el hastío,
a la Muerte un crucifijo grande de latón.

für den von unserm Blut befleckten Schnee ein zweites Nürnberg,
für die Verschwundenen die Größe, Mensch gewesen zu sein
 im Martyrium und singend gestorben zu sein,
für den Coshuenco-See das Purpurkleid seines Wassers,
für die 300 auf einmal das Risiko,
für die Wahrsagerinnen die schlanke Linie,
für die 42. Straße in New York das Paradies,
für die Wall Street einen Dollar fünfzig,
für den Wahnwitz dieser Tage nichts,
für die Nachbarn mit dem Hund, der mich nicht schlafen läßt,
 überhaupt nichts,
für die 200 Minenarbeiter von El Orito, die ich das Lesen lehrte mit
 Heraklits Syllabarium, die Verzauberung,
für Apollinaire den Schlüssel zum Unendlichen, den ihm Huidobro
 hinterließ,
für den Surrealismus ihn selbst,
für Buñuel die Rolle des Königs, die er auswendig kannte,
für die chaotische Aufzählung den Überdruss,
für den Tod ein großes Messingkruzifix.

Alemania en el seso

Pasados los estragos del Gran Mal deposite 5 violetas
en copa áurea, vaya a Düsseldorf, retrátese
de espaldas contra el Rhin merced
al scanner, escuche
el sigilo de la serpiente, abra
hasta el fondo el precipicio
del ojo, deje
que todo eso se esfume, vaho
del augur, e
hipotálamo por mariposa de
un destello a otro cambie el Mundo, de
nacido a por nacer, enhebre
así olfato y revelación como quien salta el arco glorioso
de Hado a Madre, duerma
otra vez en la Madre.

Deutschland im Hirn

Ist das Wüten des Grand-Mal überstanden, stecken Sie fünf Veilchen
in einen Goldkelch, fahren Sie nach Düsseldorf, lichten Sie sich von
hinten gegen den Rhein ab mit Hilfe
des Scanners, lauschen Sie
dem Zischen der Viper, reißen Sie
sperrangelweit den Augen-
Schlund auf, lassen
Sie dann alles verdampfen, Auguren-
Dunst, und ändern Sie,
Hipothalamus als Schmetterling, von
einem Lichtblitz zum andern die Welt, vom
schon Geboren zum noch Werden, verweben Sie
so Geruchsinn und Offenbarung, wie wenn einer den Bogen der Glorie
von Fatum zu Mutter springt, und schlafen Sie
wieder in der Mutter.

Flexiones pero no genuflexiones

10 a 12 flexiones en la barra de afuera
del jardín al amanecer, las rosas
ríen: –Vétero
áspero.
     Discrepo: ni tan
vétero ni tan áspero. La objeción
es pura liviandad de pétalos pintarrajeados listos
para la Arruga, putidoncellas, y además ¡fuera
de aquí!, yo
no soy hecho de pétalos,
                               soy
de cuarzo y persevero, me estiro
como tigre.

Beugen ja, Kniebeugen nein

10 bis 12 Klimmzüge an der Stange draußen
im Garten in der Frühe, da lachen
die Rosen: – Altes
Klappergestell.
      Bin andrer Meinung: Nicht so
alt und nicht so klapprig. Welch leichtfertiger
Einwand protzig bemalter Blütenblätter, die
reif für die Runzel sind, ihr kleinen Schlampen, und
raus hier! Ich
bin nicht aus Blättern gemacht,
                                bin
aus Quarz und denke zu dauern, strecke mich
wie ein Tiger.

Gonzalo Rojas

Rede anlässlich der Verleihung des Premio Cervantes

Alcalá de Henares, 23. April 2004

Majestäten, meine Damen und Herren,
Reden kommen, Reden gehen, und sie besagen wenig. Ich war sparsam mit den Seiten. Mehr als zehn in großer Schrift werden es nicht.

Cervantes hat schon alles gesagt in dieser Sprache, in die wir Generation für Generation hineingeboren werden von der wunderbaren Meseta bis in die entlegenste Inselwelt, von den Tropen bis zur Antarktis, und eigentlich müsste man sich dem Schweigen überantworten an diesem 23., der nicht dem April, sondern dem Atem der Welt gehört. Denn man sagt Luft und sagt Zeit in kühnem Atemzug, sagt gar Ewigkeit auf Spanisch, Silbe um Silbe, vom Geburtsschrei bis zur Totenwacht, und das Wunder wird größer, unbeschadet von allen noch so widrigen Umständen, wie zum Beispiel dem großen Sterben und dem Martyrium in jenen ominösen Zügen, die neulich aus Alcalá[1] abfuhren.

Sein heißt wachsen, so heißt es in Sanskrit; wenn wir also sind, bedeutet dies vor allem, dass wir wachsen.

Doch angebrachter als Elogen ist zu dieser Stunde die Feststellung, dass wir an der Sprache hängen, wie Niels Bohr es ausdrückte, und diese Sprache ist es, die wir mit dem Atem aufnehmen und zu jedem Zeitpunkt leben, ob auf der Iberischen Halbinsel, den Gipfeln der Anden oder der Weite des Ozeans, desgleichen in den großen Städten von den Tropen bis in die Zonen des Eises.

Ich bin mir nicht sicher, dass in dieser wunderschönen Aula überhaupt noch etwas Neues gesagt werden kann. Es gibt nichts Neues. Apollinaire sprach zu Beginn des letzten Jahrhunderts beständig von »le nouveau«. Doch was ist das schon, «le nouveau»? Eine Minute, und gleich legt es sich in Falten.

Wir leben in der Zeit, und die hält nicht inne, strauchelt nicht und kehrt nicht wieder. Ich bin das Kind eines Bergarbeiters, worauf ich schon vor 12 Jahren bei der Verleihung des Reina-Sofía-Preises hingewiesen habe, und da steht auch geschrieben, dass die wahren Dichter es plötzlich sind, das bloße Handwerk genügt nicht. Zu Dichtern werden wir eher zufällig. Auch das sagte ich damals. Du empfängst das Wort, das du nicht verdienst, und beginnst, die Welt zu stammeln, wie in der Liebe magnetisiert vom Zauber und der Abhäutung. Cervantes sagte:

> Immerfort arbeite ich und mühe mich ab,
> die Anmut des Dichters vorzutäuschen,
> die mir der Himmel nicht geben wollte.

Ich versetze mich in meine Jugend zurück, in jenes Alter von 17 Jahren, das mir immer präsent ist, in meine Jugend mit Epizentrum in der Bibliothek der nach Vivar, natürlich Ruy Díaz de Vivar[2] benannten Straße in Iquique. In jenem Iquique, das für mich so etwas wie mein erstes Exil, besser gesagt, mein inneres Exil an der Grenze zu Peru war. Da sehe ich mich die gesamte Kollektion Ribadeneyra lesen, in der auch Darío das tiefe Spanien zu lesen lernte. Und da gehen wir noch einher zwischen hohen Regalen und werden einer aus dem andern geboren, sind Bewunderer eines Cervantes, Quevedo, Góngora, einer Theresa von Avila und werden Gefolgsleute – warum nicht? – eines Juan de Yepes[3], des Königs der Sprache. Doch nicht nur Gefolgsleute der Klassiker des Goldenen Zeitalters, sondern auch jener anderen, der Chronisten, welche in der nämlichen Zeit die Neue Welt niederschrieben, dort jenseits der Meere, der Wüsten, der tiefen Schluchten in der Stunde der Entdeckung, und später noch zur Zeit der Konquista und der großen kolonialen Minute, die vielleicht nicht so sehr Knechtschaft als vielmehr ein Seinsentwurf war. Zu sein und noch mehr zu sein, wie es das Wesen der Freiheit und der dichterischen Betätigung ist. Da sehe ich mich zum ersten Mal die Zeitschrift *Revista de Occidente*, die Madrider Tageszeitung *El Sol* lesen, sowie den Lorca der Zigeunerromanzen und die Dichter der Generation von 27.

«Es gibt weder Gott noch Gottes Sohn ohne Entwicklung», sagte einmal Vallejo, der größte Dichter Perus, ein Genius unseres mestizischen Amerikas wie unsere Mistral oder unser Rulfo, unser Darío oder natürlich Neruda, dessen hundertster Geburtstag in diesen Tagen im Großen Vaterland des Cervantes entbrennt, welches die Sprache ist. Dieses Große Vaterland, das uns alle im Blut und im Sauerstoff vereint, beginnend mit El Cid über Don Quijote bis hinein in unsere Zeit.

Wenn ich von dem Goldenen Zeitalter und den Chronisten Amerikas spreche, denke ich notwendigerweise auch an die Gründer der großen lateinamerikanischen Erzählkunst, an die Carpentiers, die Rulfos, die Arguedas, die Cortázars zum Beispiel, und auch und gerade an unsere visionären Dichter: einen Huidobro, eine Mistral, einen Pablo de Rokha, einen Vallejo, einen Neruda oder einen Octavio Paz.

Oder genauer: Wir sind ja nicht nur Buch, sondern auch eine Phantasie, die offen für die großen Veränderungen, für die Liebe und zugleich für die Freiheit ist. Und immer geht es dabei auch um die Kindheit, das Wieder-Kindsein, das Wagnis und den Mut.

Auf dies alles haben wir gesetzt. Doch was wird zum Beispiel 3004 aus uns? Oder gar 4004? Cervantes wird dann immer noch unangefochten den Lidschlag der Geschichte aus dem der Sterne lesen. Wird die Welt lesen, wird auch uns aufs Neue lesen. Was wird aus ihm selbst werden und ferner, um eine willkürlich Auswahl zu treffen, aus unserem Borges und seinem »Aleph«, aus Neruda und seinem »Aufenthalt auf Erden«, aus Vallejo und seinem «Trilce», aus Carpentier und seinem «Die verlorenen Spuren», aus Huidobro und seinem «Altazor», und was immer wieder aus Darío?

Als Kind lernte ich ganz allein, dass man nach vorne blicken und zugleich zurückschauen muss und keine Angst vor der Angst haben darf. Denn nicht unterschreiben mag ich den Spruch des großen Eliot: «Ich werde dir die Angst in einem Häufchen Staub zeigen.» Ganz so arg ist es nicht, nie wird es so arg.

Es heißt, die großen Flüsse führen Weisheit mit sich; beispielsweise der Bío-Bío, der seinen Namen von Buy-Buy, einem Wort der Eingeborenensprache ableitet, um jene geräuschvolle Weite zu bezeichnen, die auch der Jangtse oder der Orinoko ist, eben jener Buy-Buy meiner Kindheitsjahre, den der andere Alonso[4] im jugendlichen Alter von 23 Jahren so oft durchwatete auf seinem schweißnassen andalusischen Pferd. Ich entwerfe seine Figur und halte inne: Der wahre Gründer Chiles, der Erfinder seines Mythos ist er mit seiner *Araucana*, die Cervantes im 6. Kapitel rühmt, ein Mythos, der noch in Nerudas *Canto General* nachwirkt. Hier ist dieser unsterbliche Achtzeiler, der eher einem modernen Klinikbulletin mit genauer Angabe von Datum und Uhrzeit gleicht:

> Er kam dort an, wo niemand je gewesen,
> Don Alonso de Ercilla war der Erste,
> in brüchigem Kahne mit zehn Männern
> nur passierte er den Desaguadero,
> als man das Jahr Tausendfünfhundert
> und achtundfünfzig schrieb, im Februar,
> um zwei Uhr nachmittags, am letzten Tage,
> da die zurückgelassene Truppe er wiedertraf.

Meine Damen und Herren, es ist für diesen Barbarophonon schwierig, die leuchtende Nadel einzufädeln. Zu Dichtern werden wir eher zufällig. Denn das Wort hat man nicht verdient. Man bekommt es einfach zugeteilt. Das kommt wohl von den Göttern, aber auch von der Besessenheit zu sein und stets zu sein, die den armseligen Erleuchteten bewohnt, der ich selbst bin. Es ist diese andere Erleuchtung jenseits der Mutter, von der Kindheit bis zur Wiederkindheit, vom Geburtsschrei bis zur Totenwacht, eher eine Angelegenheit der Physiologie als der Metaphysik, eher der Augenblicksbestie als des Ewigkeitsverrückten, obwohl ich mir immer ein paar knappe Zeilen Theresas von Avila, die nur wenige Millimeter von Gabriela[5] trennen, zu Eigen machte:

«Ich habe eine große und entschlossene Entschlossenheit, nicht vor dem Ziel aufzugeben, was immer da komme, was immer geschehe, was immer getan werde, wer immer da murmelt, und wenn ich unterwegs sterbe, und wenn die Welt zugrunde geht.»

Was ich damit sagen will, ist, dass ich mit über achtzig, schon raum- und zeitenthoben, unversehrt geblieben bin oder es zumindest glaube, und im Wellengang der pubertären Zyklen von Verzauberung zu Verzauberung, von Abhäutung zu Abhäutung schwimme. Nichts vermag mich zu täuschen und die Welt hat mich verzaubert, ohne Quevedo zu strapazieren, aber auch nicht Huidobro, der aus uns ein für allemal «Altjunge» gemacht hat. Über den Status des Lehrlings bin ich nicht hinausgekommen, mein Grips reicht für einen Gelehrten nicht aus, und kaum zu begreifen ist, dass ich hier im Lichterglanz stehe. Versetzen Sie sich an meine Stelle, nein, ich verdiene es einfach nicht, wie sollte ich?

Alone, Pontifex Maximus der offiziellen Literaturkritik in Chile, der Ehre und Ruhm zuteilte oder entzog, vertrieb mich 1948 in irgendeiner Sonntagsausgabe des *El Mercurio* beim Erscheinen meines ersten Buches vom Planeten. «So wie es aussieht», meinte er, «ist unsere Nationalliteratur nicht eben vielversprechend». Grabschrift noch vor der Geburt; die Eitelkeit heilt an der frischen Luft wie die großen Wunden, und mein Buch hieß zudem noch «Das Elend des Menschen»! Hohn zieht Hohn nach sich, und es ist ganz gut, ein Nein zu hören. Ein Nein ohne Wenn und Aber, und damit genug. Viele Jas erheben dich zum Gipfel und lassen dich abstumpfen.

Ach ja, noch etwas zum Thema Schreiben und Publizieren: lass dir nur alle Zeit der Welt, Rhythmus ist Muße und innere Ruhe (das wusste Cervantes besser als jeder andere), wozu eilen, wofür Laudationes, öffentlicher Glaskasten, schändliche Werbung, wozu eigentlich? Dieses Metier ist heilig und nie gelangt man zum Ziel. Natürlich glaubt man plötzlich, die Welt auszudrücken, vielleicht ist es so, weshalb denn nicht? Alle 10, alle 5, alle 3, alle Nie, warum nicht? Man schreibt und zerschreibt, Kafka, Rulfo, der unvergleichliche Vallejo. Und mein Gott, Cervantes!

Und noch etwas über den ewigen Lehrling, der ich bin. Ich schreibe stets zu Tagesbeginn, wenn mir die kalte Dusche die kleinen Arteriolen des Gehirns entflammt. Mir war die Morgendämmerung stets zuträglicher, die des Abends bedeutend weniger. Das hat sicher mit der imaginären Atmung zu tun. Denn tatsächlich bin ich Luft, und das kommt vom Ozean des großen Golfs von Arauco, wo ich geboren wurde, und auch von den Höhen der Atacama, wo mir in meinen Zwanzigern die Arbeiter der Kupferbergwerke mehr beibrachten als der Surrealismus, nämlich das Wunder der nicht auslotbaren Sprache zu entziffern, welches das Geraune, das Blinken und Blinzeln der Sterne darstellt.

Lassen Sie mich klarstellen: Ich war 20 Jahre alt und studierte in einer Philosophischen Fakultät von Santiago, Hauptstadt von weiß nicht recht was, nur wenige Meter vom großen Huidobro entfernt, dessen Haus einige junge Leute aufzusuchen pflegten, um Sauerstoff zu tanken. Plötzlich verspürte ich Überdruss. Überdruss von was? Von nichts, wie es das

Gefühl des Überdrusses so an sich hat, wenn man sich die Seinsfrage stellt. Also wandte ich mich von allem ab und ging in die Höhen der Atacama auf der Suche nach mir selbst, wie es sich bei allen Suchen verhält, oder auf der Suche nach dem toten Vater, der man fast immer selber ist. Außerdem war er ja ein Bergarbeiter, der von Bergarbeitern aus eben dieser Gegend im Norden abstammte. So kam ich in den Norden, im Liebesdialog mit einer Frau, einem sauberen und zauberhaften Mädchen britischen Nachnamens, der Mutter meines Erstgeborenen. Und dann, von Akademien und avantgardistischen Avantgarden befreit, gab mir der Wind jener Höhen alles.

Ich weiß, dass ich mich wiederhole, aber was soll's? Ich bin die Metamorphose des Gleichen. Und das langgestreckte Land ist wirklich zum Lachen. Seinen Dichtern gibt es alles: Erstickungstod und heftigen Wind der Hochebene, Sonne, bis sich die Haut abschält, Steiniges und Abruptes und – Mistral möge es bestätigen – Geröllwüste, friedliche Gartenlandschaft, unaufhörliches Sichschütteln der Erde, das bisweilen nach katastrophaler Entladung drängt, die Wildheit der langen und diamantenen Wasserläufe, die Wälder, in denen alle Vogelarten beheimatet sind – ach, diese Wälder! –, diese Schönheit, die man uns aus Ost und West im Begriff ist zu stehlen im Namen des Molochs technischer Fortschritt, Geologie und Magie des ganz weit Unten, wo der Anfang beginnt, noch weiter als alles Patagonische und Antarktische. König Juan Carlos war neulich dort und konnte den antarktischen Diamanten und seine unglaubliche Strahlwirkung auf andere Zeiträume des Planeten sehen. Auch ich hielt mich vor einigen Jahren dort auf und gründete eine Schule für Kinder in La Villa de las Estrellas[6], der «Sternensiedlung».

Darum bitte ich an diesem großen Tag des Cervantes: Begegnen wir einander aufs Neue. Begegnen wir uns wieder in der «Sternensiedlung».

Chile – durchlebtes Land! Ich selbst habe dieses Land in allen Richtungen durchlebt, und das nicht nur als literarischer Tourist – Gott bewahre! –, sondern aus Verrücktheit, und schon als Kind bezog ich für immer Wohnung in jedem seiner geologischen und geographischen Abschnitte, von Norden nach Süden. Doch bin ich nicht das, was man einen tellurischen oder einen Heimatdichter nennt, sondern eher ein sich seiner Abstammung bewusster Weltdichter, der an die doppelte Verwandtschaft des Blutes und der Phantasie glaubt. Davon wusste Cervantes mehr als irgendein anderer. Und wenn mich etwa der Kohlenbergmann Don Juan Antonio Rojas in der Blüte seiner Jahre mitten im Fruchtbarkeitssturm der acht Kinder gegen Ende des Ersten Weltkriegs gezeugt hat, so hat mich doch auch Vallejo gezeugt, und – warum nicht? – Quevedo.

Zwei literarische Urviecher haben mich im vergangenen Jahrhundert durch ein besonderes Wunder geblendet, so sehr oder annähernd so sehr wie das Genie von Alcalá im Laufe meiner Kindheiten und Wiederkindheiten, zwei bis auf die Knochen anarchische und magische Seher, zwei herrliche Schizoide, die Selbstgespräche führten, was nicht den Kindern und den Alten vorbehalten bleibt: Ezra Pound, der Selbstgespräche führte, Borges, der es ebenso tat, Roberto Matta, der immer noch zu sich selbst spricht. Matta[7] schließe ich in diese Dynastie ein, weil er tatsächlich ein Dichter reinen Wassers war wie Juan Rulfo, auch wenn keiner der beiden je einen Vers geschrieben hat. Dieser Grenzüberschreiter Matta, plebejisch und aristokratisch zugleich, verfeinert und grobschlächtig, Allende-Freund wie ich, Verfechter der Gerechtigkeit bis zur letzten Konsequenz wie der geistreiche Edelmann, Verteidiger der Erniedrigten und Beleidigten, der Niedergemähten und der Verstümmelten, der Verschwundenen und der Toten in der furchtbaren Zeitspanne ab 1973, dieser Matta, der unsere Spezies weiterhin mit gutem Sauerstoff versorgt! Was Pound betrifft, «Gebrabbel und Prunk», wie Octavio Paz einmal über ihn urteilte, in Idaho geboren, wo die besten Kartoffeln der Erde wachsen sollen (potatoes sagt man dort), was nun diesen einzigartigen Klassiker angeht, der in unserer Zeit als Verrückter niedergemacht wurde und dessen Gesänge man noch nach dem 24. Jahrhundert lesen wird, so sah ich oder ahnte ich ihn in Venedig 1999 bei Nieselregen in aller Eile auf dem Friedhof San Michele, der schon halb geschlossen war, denn es war kurz vor vier Uhr und der Vaporetto 52 aus San Marcos wartet nicht. Da konnte ich noch schnell dem unter Marmor Ruhenden eine Rose und – warum nicht? – eine Träne darbringen und sagen: «Arrivederci. Miglior Fabbro: Wir sehen uns.»

T.S. Eliot hatte recht, wenn er sein «Das wüste Land» «Al miglior fabbro», dem besten Schöpfer, widmete. Und da schlief er also, der Müßiggänger, vom Klatschen der Wellen gewiegt.

Borges hingegen sah ich aufrecht, Stock in der Hand, 1981 in Yale stehen, aber er sah mich natürlich nicht. Da steht er immer noch. Ist er vielleicht der Einzige, der uns nie weggestorben ist? Er hat etwas an sich von einem ewigen Auferstandenen, wie auch Huidobro oder noch mehr Vallejo, welcher mir von allen unmittelbaren Stammvätern des vergangenen Jahrhunderts der Nächste ist. Immer reden wir von Borges oder, in letzter Zeit, von Neruda, eine eigenartige Geschichte, diese hundert Jahre. Wer wird denn nicht irgendwann hundert? Was scheren mich diese trügerischen Jahrestage? Der Kerl ist jung geblieben, und das Aleph steht in diesem genialen Text geschrieben, so wie es Neruda mit seinem »Aufenthalt auf Erden« widerfuhr. Was die Leute fasziniert, ist das Renommee und der Preisrummel, aber nichts ist spärlicher gesät als das Leseauge. Und Matta? Nun, für mich ist er der Blitz, der alles mit seinem Erfindungsreichtum zu regieren scheint, das Sichtbare und viel auch vom Unsichtbaren. Er ist nicht bloß Auge, er ist eine andere Milchstraße, Geburt von Welt, jemand der wirklich am Tag die Sterne sieht, wie Don Quijote, kurzum ein Erleuchteter. Und welch eine Art, in seinen Schriften die Welt zu buchstabieren, das Chaos des Ursprungs zu erahnen, und wieviel Liebe für den ganzen Menschen, der eines Tages kommen wird nach uns, den Geschundenen, die wir sind.

Unversehens befinde ich mich in meiner Wiederkindheit und sage mir mit dem großen Horaz von vor zweitausend Jahren: »Lusisti satis, edisti satis, atque bibisti. Tempus abire tibi est«. Du hast genug gespielt, hast römisch gegessen und getrunken: Zeit, dass du gehst!

Schließen wir mit einem Text, den ich dort unten in der Antarktis schrieb, beim Rauschen und Knirschen der großen türkisfarbenen Eisblöcke, und in der Stille, die nach wie vor meine einzige Stimme ist.

Ich schrieb ihn '93 in einem Augenblicksrausch wie einen Brief an den Niemand, der im Vergänglichen des Menschen weilt. Möge ihn Cervantes aus der Ewigkeit des Eises vernehmen, dort, wo kein Chronometer unsere erbärmlichen Jahrhunderte misst.

Nun also die letzte, wie versprochen, die zehnte Seite. Man verzeihe mir das Ringen um Luft in diesen schnellen Versen. Ich werde sie nun einfach lesen:

1. Wenig Vertrauen in das 21., jedenfalls wird etwas geschehen,
wieder werden die Menschen sterben, es wird einer geboren,
von dem niemand weiß, die Lockerheit einer anderen Physik
wird die Magnetisierung der Erde wahrscheinlicher machen,
so gewinnt das Auge an Wunder, und die Reise selbst
wird ein Flug des Geistes sein,
es wird keine Jahreszeiten mehr geben, wir stecken zum Beispiel
nur den Schlüssel des Sommers ein und schon baden wir
in der Sonne, die Mädchen
werden kraft des Wirkens der Galaxien neun Monate
in Schönheit strahlen und nochmals neun
nach der Niederkunft dank
des Wachstums der Lärchen von vor der Welt, so
werden die erschütterten Gezeiten in anderen Spannen heiter
tanzen, in einem frischeren Rhythmus des Blutes,
und die Contredanse wird den Menschen
ein für alle Mal dem Urgrund seines Humus wiedergeben,
so wird er bescheidener und
irdischer.

2. Ah, und noch etwas, ohne Prophet zu sein, so nach und nach
werden die Maschinen
der Realität altern, es wird weder Drogen geben
noch miese Filme noch archaische Gazetten noch
– Zerstreuung und Getöse – schändliches Schachern
mit Applaus, dies alles wird
die Wette der Schöpfung
altern lassen, das Auge
wird wieder Auge sein, der Tastsinn
Tastsinn, die Nase
Ewigkeitsäther im unentwegten Entdecken,
das Kopulieren
wird uns befreien, wir
werden nicht auf Englisch denken, wie Darío glaubte, werden
wieder die Griechen lesen, da wird wieder Etruskisch gesprochen

an allen Stränden der Welt, so um die vierte Dekade
werden sich die Kontinente verbinden,
so dass bei uns die Antarktis einzieht
mit ihrer ganzen Faszination
eines türkisfarbenen Schmetterlings, unter ihr
werden sieben Züge in diversen Richtungen
in ungeahnter Geschwindigkeit hindurchfahren.

3. Soweit wir blicken können, steht Jesus Christus nicht
auf dem Programm, Vögel
aus unsichtbarem Aluminium werden die Flugzeuge ersetzen, und so
gegen Ende
des 21. Jahrhunderts wird der Augenblick regieren, wir werden keine
Zeugen des Wandels sein, werden als
Erzeuger im Staub schlafen mit unseren Müttern,
die uns sterblich machten, und von dort aus
feiern wir dann das Projekt, zu dauern, die Sonne anzuhalten,
und – wie Gotterwählte - plötzlich zu sein.

Danke.

Anmerkungen:
1) Hinweis auf die Terroranschläge des 11. März 2004 im Bahnhof von Atocha. In drei Pendlerzügen kamen 191 Menschen ums Leben, 1500 wurden verletzt.
2) Ruy Díaz oder Rodrigo Díaz (1043 – 1099) wurde in dem Dorf Vivar in der Nähe von Burgos geboren und ging unter dem Namen El Cid als Nationalheld in die spanische Geschichte ein.
3) Juan de Yepes = Juan de la Cruz (1542 – 1591). Der Heilige Johannes vom Kreuz gilt mit seiner Prosa, aber vor allem seiner Lyrik, als bedeutendster spanischer Mystiker.
4) Alonso de Ercilla y Zúñiga (1533 – 1594) beschreibt in seinem Epos «*La Araucana*» die Kämpfe der spanischen Konquistadoren gegen die Ureinwohner Chiles.
5) Gemeint ist die chilenische Dichterin Gabriela Mistral (1889 – 1957).
6) La Villa de las Estrellas ist eine chilenische Basis in der Antarktis, in der auch die Familien der dort stationierten Soldaten leben.
7) Mit dem chilenischen Maler Roberto Matta (1911 – 2002) war Rojas befreundet.

Lebensdaten von Gonzalo Rojas

1917 Gonzalo Rojas Pizarro wird am 20. Dezember als siebtes von acht Kindern eines Bergmanns in Lebu (Leufu = tiefer Sturzbach, in der Sprache der Mapuches) geboren. Die Familie stammt ursprünglich aus dem Norden Chiles. Väterlicherseits ist Rojas mit der Nobelpreisträgerin Gabriela Mistral verwandt.

1921 Im Alter von 40 Jahren stirbt der Vater Juan Antonio Rojas.

1925 Spät, mit neun Jahren, lernt Gonzalo lesen und verfällt der Sprache. Schon drei Jahre zuvor hatte ihn das in einer Gewitternacht vernommene Wort «relámpago» (Blitz) das Staunen über die Wörter gelehrt.

1926 Die Familie zieht nach Concepción, der zweitgrößten Stadt Chiles. Die Kinder gehen auf verschiedene Schulen, meist als Stipendiaten. Da Gonzalo stottert, verfällt er beim lauten Vorlesen in der Schule auf die Methode, schwierige Laute oder Wörter durch andere zu ersetzen.

1927 Im Internat ist der deutsche Priester Wilhelm Jünemann Leconte einer seiner Lehrer. Dieser unterweist ihn in der Lektüre der Klassiker. Zugleich beginnt Gonzalo, die Schriftsteller der Avantgarde zu lesen.

1933 Neben dem intensiven Studium der Griechen, der Spanier des Goldenen Zeitalters sowie Rimbauds und Baudelaires unternimmt Rojas eigene Schreibversuche.

1934 Als ihm noch zwei Jahre Schulbesuch bevorstehen, spürt er die Notwendigkeit einer Veränderung. In Talcahuano, dem Hafen Concepcións, geht er an Bord eines Schiffes, der «Fresia», und fährt die chilenische Küste entlang nach Norden. In Iquique, wo Verwandte seines Vaters leben, setzt er seinen Schulbesuch fort. Er liest und schreibt viel.

1936 Mitarbeit an der Zeitung *El Tarapacá* unter der Direktion des späteren Staatspräsidenten Eduardo Frei Montalva. Sein erster größerer Artikel gilt dem gerade verstorbenen Ramón del Valle-Inclán. Rojas gründet die Zeitschrift *Letras*. Inspiriert durch Nerudas «Aufenthalt auf Erden» publiziert er einen Essay über den Dichter. Von der Lyrik Paul Valérys begeistert, lernt er dessen «Cimetière marin» auswendig. Der Ausbruch des Spanischen Bürgerkriegs beeindruckt ihn derart, dass er sich als Freiwilliger melden will.

1937 In Santiago immatrikuliert er sich in der Juristischen Fakultät, nimmt aber an Kursen der Philosophischen Fakultät teil und lernt Latein, um Ovid, Horaz und Catull in der Originalfassung lesen zu können.

1938 Er wechselt seine Fachrichtung zugunsten der Pädagogik und wird Mitglied der Gruppe Mandrágora, welche in Chile die Ideen der französischen Surrealisten umsetzen will. Er lernt den für seine literarische Entwicklung so wichtigen Dichter Vicente Huidobro kennen.

1940 Die Mutter, Celia Pizarro, stirbt. Rojas schreibt von eigenen Erfahrungen geprägte Liebesgedichte.

1942 Des Lebens in Santiago, das er später «Hauptstadt von weiß-nicht-was» nennen wird, überdrüssig, beschließt er in den Norden Chiles, an den Rand der Atacama-Wüste, zu gehen. Er tut dies zusammen mit María Mackenzie, einer Achtzehnjährigen schottischer Abstammung, die seine Ehefrau und die Mutter seines ältesten Sohnes werden wird. In der Bergarbeitersiedlung El Orito geht er verschiedenen Tätigkeiten nach und lehrt die Arbeiter lesen mit den einzigen Büchern, die er mitgenommen hatte, so etwa «Leben, Ansichten und Sprüche der berühmtesten Philosophen».

1943 Sein erster Sohn wird geboren: Rodrigo Tomás. Er beschließt, «nunmehr in Trinitas» im Süden Chiles zu arbeiten. Auf der Insel Puluqui findet er eine Anstellung in der Holzindustrie am Golf von Reloncaví.

1944 Zurück in Santiago, arbeitet er im Informations- und Kulturministerium. Er nimmt seine Pädagogikstudien wieder auf.

1946 Ein großer Teil von «La miseria del hombre» (Das Elend des Menschen) entsteht. Unter dem Pseudonym Heraklit präsentiert er die Texte bei einem Wettbewerb der Chilenischen Schriftstellervereinigung SECH und erringt den Sieg, der in der Veröffentlichung des Buches besteht.

1947 In Valparaíso unterrichtet er tagsüber an Gymnasien, abends an Schulen für Erwachsene. Mit der Stadtverwaltung kommt er überein, ein Instituto de Enseñanza Superior, eine Art Akademie, zu gründen, aus der später die Universidad de Chile von Valparaíso hervorgeht.

1948 Da die SECH das Versprechen der Veröffentlichung nicht einlöst, lässt er sein erstes Buch «La miseria del hombre» auf eigene Kosten drucken. Von der Kritik wird es wenig enthusiastisch aufgenommen, von Gabriela Mistral allerdings gelobt.

1949 Er schreibt in Valparaíso, wo er seit vier Jahren unterrichtet, sein berühmtes Gedicht «Al silencio» (An die Stille).

1952 Rojas erhält den Lehrstuhl für Chilenische Literatur und Literaturtheorie an der Universität von Concepción.

1953 Erste Europareise. Bekanntschaft mit André Breton und Benjamin Péret.

1955 Rojas organisiert die erste Sommerschule der Universität von Concepción.

1958 Er organisiert und leitet das erste Nationale Schriftstellertreffen im Rahmen der 4. Internationalen Sommerschule der Universität von Concepción. Mit einem Schriftstellerstipendium der Unesco reist er nach Paris.

1959 Im März erhält er im Pariser Unesco-Gebäude den Besuch seiner früheren Schülerin Hilda Ortiz, die seine zweite Frau werden wird. Aufgrund einer offiziellen Einladung reist er nach China, wo der Chinesische Schriftstellerverband eine Lesereise durch zehn Städte vorbereitet hat. Er unterhält sich mit Mao Tsetung vor allem über Lyrik.

1960 Erneut organisiert er ein Schriftstellertreffen innerhalb der Sommerschule der Universität von Concepción, diesmal mit Teilnehmern aus ganz Amerika. Es kommen unter anderen Allen Ginsberg, Laurence Ferlinghetti und Ernesto Sábato.

1962 Zu einem weiteren Treffen im Rahmen der 8. Sommerschule kommen Mario Benedetti, Carlos Fuentes, José María Arguedas und Augusto Roa Bastos. Schriftsteller wie Carlos Fuentes oder José Donoso halten die von Rojas organisierten Treffen für eine Keimzelle des Booms der lateinamerikanischen Literatur.

1964 Der Gedichtband «Contra la muerte» (Wider den Tod) erscheint. Rojas' zweiter Sohn, Gonzalo, wird geboren. Die Mutter ist Hilda Ortiz, die sich später Hilda R. May nennen wird.

1966 Bei einer Kuba-Reise lernt er Lezama Lima, Eliseo Diego und andere Lyriker der Insel kennen. Im Jahr zuvor war in La Habana die zweite Ausgabe von «Contra la muerte» erschienen.

1967 Junge chilenische Schriftsteller feiern den 50. Geburtstag des Dichters mit einer «Begegnung mit Gonzalo Rojas». Lebu ernennt ihn zu seinem ersten Ehrenbürger.

1969 Er erhält eine verantwortungsvolle Stellung in der Universitätsverwaltung. In einer Atmosphäre politischer Agitation wirft man ihm vor, Revolutionär, Anarchist, Trotzkist etc. zu sein.

1970 Präsident Salvador Allende ernennt ihn zum Kulturattaché in China, eine Stellung, die er zwei Jahre lang innehat.

1971 Ohne positive Kontakte zum offiziellen China, das die Volksfrontregierung in Chile für einen Vasallen Moskaus hält, bittet er um seine Abberufung.

1972 Rojas geht als Geschäftsträger der Chilenischen Botschaft nach Kuba.

1973 Als der Senat gerade seine Ernennung zum Botschafter in Kuba vorbereitet, überrascht ihn der Putsch der chilenischen Militärs. Wenige Monate später verlässt er die Insel und begibt sich in die DDR, wo er politisches Asyl erhält. In Chile wird er per Dekret «als Gefahr für die innere Sicherheit» aus allen Universitäten verbannt.

1974 Rojas erhält einen Lehrstuhl der Universität Rostock, bezieht ein Professorengehalt, darf aber nicht unterrichten.

1975 Nach einer trickreichen Operation mit alten Pässen kann er mit seiner Frau Hilda May und dem jüngsten Sohn die DDR verlassen und nach Caracas (Venezuela) übersiedeln. Dort erhält er eine Anstellung an der Universität Simón Bolívar.

1977 Der Gedichtband «Oscuro» (Dunkel) erscheint in Caracas und wird von der Kritik begeistert aufgenommen. Rojas wird neben Juan Goytisolo, Gabriel García Márquez und anderen bedeutenden Schriftstellern Jurymitglied des Rómulo-Gallego-Preises, den in diesem Jahr Carlos Fuentes erhält.

1979 «Transtierro» (Exil) erscheint in Madrid. Mit einem Guggenheim-Stipendium kehrt er nach Chile zurück und lässt sich in Chillán (Mittelchile) nieder, nicht allzu weit entfernt von seinem Geburtsort Lebu. Da er keine angemessene Anstellung in der Universität findet, arbeitet er während der gesamten 80er Jahre in nordamerikanischen Universitäten (Columbia, Chicago, Pittsburgh, Austin).

1981 Die erste Ausgabe seines Gedichtbandes «Del relámpago» (Vom Blitz) erscheint in Mexiko.

1983 An der Universität von Chicago hält er eine dreimonatige Vorlesung über Lyrik und liest in verschiedenen Städten der USA.

1984 Neuauflage dieses Bandes. Erste Studien seines Werkes werden veröffentlicht.

1985 In der Universität von Brigham Young (Provo, Utah) entstehen die meisten Gedichte von «El alumbrado» (Der Erleuchtete).

1987 In Madrid erscheint die gegenüber der chilenischen Ausgabe um 22 Texte vermehrte Version von «El alumbrado y otros poemas» (Der Erleuchtete und andere Gedichte).

1988 Anlässlich seines 70. Geburtstags erhält er eine Einladung der mexikanischen Regierung. «Antología Personal» und «Materia de testamento» (Testamentsbekundung) erscheinen in Madrid, in New York englische Übersetzungen seiner Gedichte unter dem Titel «Schizotext and Other Poems». Mit einem Stipendium des Deutschen Akademischen Austauschdienstes verbringt er einige Monate in der Bundesrepublik Deutschland.

1990 Die Universität von Concepción organisiert ein «Treffen mit Gonzalo Rojas». Er veröffentlicht «Desocupado lector» (Müßiger Leser).

1991 Die Gedichtauswahl «Antología de aire» (Anthologie aus Luft) und die Liebesgedichte «Las hermosas» (Die Schönen) erscheinen. Rojas liest im Palacio Real in Madrid und nimmt an Veranstaltungen der Universitäten von Salamanca und der Complutense von Madrid teil.

1992 Am 5. Juni wird er erster Preisträger des Premio Reina Sofía de Poesía Iberoamericana. Unter den Jurymitgliedern befinden sich Octavio Paz, Álvaro Mutis, José Hierro und Fernando Lázaro Carreter. Die Universität von Salamanca veranstaltet einen Kongress, der sich mit Rojas' Werk auseinandersetzt. Am 13. November erhält er in Chile den Nationalen Literaturpreis. Am 20. November ernennt ihn sein Wohnort Chillán zum Ehrenbürger.

1993-1994 Weitere Auszeichnungen kommen hinzu: die Ehrenbürgerwürde von Concepción sowie Medaillen der Universitäten von Valparaíso und Playa Ancha.

1995 Teilnahme am Internationalen Lyrikfestival von Medellín (Kolumbien). Seine zweite Frau Hilda May stirbt nach längerer Krankheit. Im September und Oktober reist er durch Europa und liest in Deutschland und Spanien aus seinem Werk.

1996 «Río turbio» (Trüber Fluss) erscheint in Chile, Mexiko und Spanien.

1998 Am 15. April wird ihm der höchste argentinische Literaturpreis, der Premio José Hernández, verliehen. Im selben Monat reist er nach Mexiko, um den neu gestifteten Octavio-Paz-Preis für Lyrik und Essay entgegen zu nehmen. Er nimmt an Veranstaltungen in Spanien, Argentinien und Chile teil, wo anlässlich seines 80. Geburtstages die Hommage «Gonzalo Rojas y el relámpago» (Gonzalo Rojas und der Blitz) erscheint.

2000 Rojas hält Vorträge und Lesungen in Lateinamerika und Europa. Ende des Jahres erscheint die Anthologie «Metamorfosis de lo mismo» (Metamorphose des Gleichen). Neue Gedichte werden in Mexiko unter dem Titel «Diálogo con Ovidio» (Dialog mit Ovid) publiziert. Er eröffnet die Buchmesse von Guadalajara (Mexiko).

2002 Es erscheint «Del ocio sagrado» (Von der heiligen Muße). Am 4. November wird Rojas zum Ehrenmitglied der chilenischen Akademie für Sprache ernannt. Er wird von den Cervantes-Instituten in Griechenland und Israel eingeladen. In Mexiko erscheint die Studie «Otras sílabas sobre Gonzalo Rojas» (Andere Silben über Gonzalo Rojas) seiner französischen Übersetzerin Fabienne Bradu.

2003 Im Monat Juli liest Gonzalo Rojas in Berlin und Bremen. Im Oktober nimmt er an einem Internationalen Lyriktreffen in Madrid teil und liest in der Universität von Alcalá. Am 10. Dezember wird bekanntgegeben, dass Rojas der nächste Träger des Premio Cervantes sein wird.

2004 Im Februar ehrt ihn seine Geburtsstadt Lebu. Im März nimmt er in Spanien an Veranstaltungen zum 100. Geburtstag von Pablo Neruda teil. Am 23. April erhält er in der Aula der Universität von Alcalá de Henares den Cervantes-Preis. Zeitgleich erscheint «Reniñez» (Wiederkindheit). Der Preisträger liest in mehreren spanischen Städten, in Algier, Köln und Moskau.

Bibliografía de Gonzalo Rojas / Bibliographie Gonzalo Rojas

La miseria del hombre. Pedraza, Carlos (il.). Valparaíso: Imprenta Roma, 1948.

Contra la muerte. Escámez, Julio (il.). Santiago de Chile: Editorial Universitaria, 1964.

Contra la muerte. 2.ª ed. aum. La Habana: Casa de las Américas, 1965.

Oscuro. Caracas: Monte Ávila Editores, 1977.

Transtierro: versión antológica 1936-1978. Madrid: Ediciones Taranto, 1979.

Antología breve. Material de Lectura n.º 66. México, UNAM, 1980.

Críptico y otros poemas. México, UNAM, 1980.

Del relámpago. México, FCE, 1981.

50 poemas. Turkeltaub, David (ed.); Matta, Roberto (il.). Santiago de Chile: Ediciones Ganymedes, 1982.

Del relámpago. 2.ª ed. aum. Santiago de Chile: FCE, 1984.

El alumbrado. Matta, Roberto (il.). Santiago de Chile: Ediciones Ganymedes, 1986.

El alumbrado y otros poemas. Madrid: Cátedra, 1987.

Antología personal. México: UNAM: Universidad de Zacatecas: Premià Editores, 1988.

Materia de testamento. Madrid: Hyperión, 1988.

Schizotext and Other Poems = Esquizotexto y otros poemas. Cluff, Russel M. y Quackenbush, L. Howard, (trad.). Nueva York: Peter Lang, 1988.

Desocupado lector. Nerlich, Michael (il.). Madrid: Hyperión, 1990.

Zumbido. Ramírez, Víctor (il.). Barcelona: Llibres de Phalartao, 1991. Edición ilustrada para bibliófilo.

Antología de aire. May, Hilda R. (sel.) ; Milán, Eduardo (pr.). Santiago de Chile: FCE, 1991.

Las hermosas: poesías de amor. May, Hilda R. (sel.). Madrid: Hyperión, 1992.

Cinco visiones. Ruiz Barrionuevo, Carmen (pr.). Salamanca: Ediciones Universidad de Salamanca; [Madrid]: Patrimonio Nacional, 1992.

Contra la muerte. 2.ª ed. Santiago de Chile: Editorial Universitaria, 1993.

Am Grund von alledem schläft ein Pferd. Schultze-Kraft, Peter (Hg.); Masuhr, Dieter (Übers.). Frankfurt am Main: Gutenberg-Presse 13; Wien: Büchergilde Gutenberg, 1993.

Carta a Huidobro y Morbo y aura del mal. Edición especial de dos poemas inéditos con 15 monotipos de José Antonio Pérez de Vargas. Madrid: Ediciones La Sirena de los Vientos, 1994.

La miseria del hombre. Coddou, Marcelo y Pellegrini, Marcelo (ed. crítica). Valparaíso: Universidad de Playa Ancha, 1995.

Río turbio. Valdivia: El Kultrún: Barba de Palo; México: Editorial Vuelta; Madrid: Hyperión, 1996.

80 veces nadie. Santiago de Chile: Ed. Conmemorativa, 1997.

Obra selecta. Coddou, Marcelo (ed.). Caracas: Biblioteca Ayacucho: FCE, 1997.

Tres poemas. Coddou, Marcelo (pr.). Valparaíso: Puntángeles: Universidad de Playa Ancha Editorial, 1998.

Diálogo con Ovidio. Matta, Roberto (il.). México: Editorial Aldus, 1999.

Metamorfosis de lo mismo. Madrid: Editorial Visor, 2000.

¿Qué se ama cuando se ama? Salazar, Mario Andrés y Rodríguez, Regina (eds.). Santiago de Chile: DIBAM, 2000.

Velocities of the Possible. Simon, John O. (trad.). Minnesota: Red Dragonfly Press, 2000.

Réquiem de la mariposa. Salazar, Mario Andrés y Rodríguez, Regina (eds.). Santiago de Chile: DIBAM, 2001.

Hombre es baile, mujer es igualmente baile. López Ortega, Antonio (ed.). Caracas: Pequeña Venecia, 2001.

Antología poética. Bradu, Fabienne y Rojas, Gonzalo (sel.) México: FCE, 2001. Incluye CD con voz del autor.

Al silencio. Salazar, Mario Andrés y Rodríguez, Regina (eds.). Santiago de Chile: DIBAM, 2002.

La palabra placer y otros poemas. Ciudad de México: Fundación Telmex, 2002.

Del ocio sagrado. Clariond, Jeannette L. (sel.). Barcelona: Random House Mondadori, 2002.

No haya corrupción. Barcelona: La Poesía Señor Hidalgo, 2003.

Poesía esencial. Lastra, Pedro (sel. y notas). Santiago de Chile: Editorial Andrés Bello, 2003.

L'illuminé. Portante, Jean (trad.). Paris: Myriam Solal Editeur, 2003.

Inconcluso. Lebedev, Jorge (ed.). Servicio de publicaciones Universidad: Alcalá de Henares, 2003.

Concierto: antología poética. Vélez, Nicanor (sel. y pr.). Barcelona: Galaxia Gutenberg: Círculo de Lectores, 2004.

Antología personal. Madrid: Editorial Visor, 2004.

La reniñez: juego diálogo Rojas-Matta. Matta, Roberto (il.). Madrid: Editorial Tabla Rasa, 2004.

Antología poética. 2ª ed. Madrid: Biblioteca Premios Cervantes: Editorial Fondo de Cultura Económica, 2004.

La voz de Gonzalo Rojas. Madrid: Publicaciones de la Residencia de Estudiantes, 2004.

Incluye CD con la voz del autor.

Избранное = Poemas selectos. Vanjanen, Natalia (trad. al ruso). Moscú: Ediciones Instituto Cervantes, 2004.

Del loco amor. Martínez, Pacián (ed.). Concepción: Ed. Universidad del Bío-Bío, 2004.

Mot Döden = Contra la muerte. Söderberg, Lasse (sel. y trad. al sueco). Malmö: Ed. Aura Latina, 2005.

XXI por egipcio. Santiago de Chile: Editorial LOM, 2005.

From the Lightning. Selected Poems. Simon, John Oliver (trad.). Los Angeles: Editorial Green Integer, 2005.

La misère de l'homme. Bradu, F. (trad.). Bruxell: Editorial La Lettre volée, 2005.

Man Ray hizo la foto. Ramírez, V. (il.). Barcelona: Editorial La Poesía Señor Hidalgo, 2005.

Publicaciones que recogen textos de Gonzalo Rojas traducidos al alemán / Veröffentlichungen von Texten von Gonzalo Rojas übersetzt ins Deutsche

«Gonzalo Rojas: Fünf Gedichte». En *Die Horen.* ‹edition die horen› im Wirtschaftsverlag NW, Verlag für neue Wissenschaft GmbH. 1980. Band 2. Jahrgang 25. Ausgabe 118. Hannover, p. 39 – 44.

«Gonzalo Rojas». *Iberoamericana.* Verlag Michael Keller. Kulturbehörde der Freien Hansestadt Hamburg. 1986, p. 171 – 177.

Lyrik aus Lateinamerika. Meyer-Classon, Curt (Hrsg.). München: DTV, 1988.

«Qedeshim qedeshot». *Lettre International.* Lettre International Verlagsgesellschaft. 1990. Band 10. Nº 10, p. 30

Die Welt über dem Wasserspiegel. Sartorius, J. (Eingeleitet). Berlin: Alexander Verlag, 2001, Berliner Anthologie 1.

«Gonzalo Rojas – Chile». En *Weltklang-Nacht der Poesie.* Edition diá. 2003. Literatur Werkstatt Edition diá, Berlin, p. 97 – 112.

Selección de algunos libros publicados sobre la obra de Gonzalo Rojas / Auswahl einiger Veröffentlichungen über das Werk von Gonzalo Rojas

CODDOU, Marcelo. *Poética de la poesía activa.* Madrid: Ed. LAR, 1984.

ROJAS, Nelson. *Estudios sobre la poesía de Gonzalo Rojas.* Madrid: Ed. Playor, 1984.

CODDOU, Marcelo. *Nuevos estudios sobre la poesía de Gonzalo Rojas.* Santiago de Chile: Ed. Sinfronteras, 1986.

GIORDANO, Enrique. *Poesía y poética de Gonzalo Rojas.* Santiago de Chile: Ed. del Maitén, 1987.

Taller literario con Gonzalo Rojas. *Iberoamerikanisches Archiv. Jahrgang 15, Heft 1.* Berlin: Colloquium Verlag . 1989.

MAY, Hilda R. *La poesía de Gonzalo Rojas.* Madrid: Hyperión, 1991.

SEFAMI, Jacobo. *El espejo trizado, la poesía de Gonzalo Rojas.* México D.F.: Ed. Coordinación de Humanidades, 1992.

Gonzalo Rojas y el relámpago: Ciclo homenaje en torno a la figura del poeta Gonzalo Rojas. *Martínez Bonati... [et al.].* Santiago de Chile: Ministerio de Cultura. Dpto. de programas culturales, 1998.

BRADU, Fabienne. *Otras sílabas sobre Gonzalo Rojas.* México: Fondo de Cultura Económica, 2002.

Gonzalo Rojas, poeta del relámpago [Exposición]. Alcalá de Henares: Ed. Universidad de Alcalá, 2003.

Vita des Mitherausgebers und Übersetzers

Reiner Kornberger

wurde 1949 in Mayen (Rheinland-Pfalz) geboren und lebt in Bremen. Nach dem Studium der Germanistik und Romanistik arbeitete er als Spanischlehrer am Gymnasium und an der Universität Bremen. Er veröffentlichte zahlreiche fachdidaktische Aufsätze und Unterrichtsmaterialien. Seit seinem Studium gilt sein besonderes Interesse der lateinamerikanischen Geschichte und Literatur. Als Literaturwissenschaftler widmet er sich vornehmlich den Literaturen des südlichen Südamerika. Er promovierte mit einer Arbeit über die jüdisch-argentinische Literatur. Als Übersetzer hat er vor allem Lyrik übertragen (Mario Benedetti, José María Memet, Jorge Torres etc.).

A mis amigos
de la Biblioteca del Instituto Cervantes,
BREMEN, agosto, 2005

¿Qué es Bremen sino el Mundo para un poeta,
venga del norte, del sur, del este o del oeste?
Ahí -rema que rema - me llevó el azar el 53
del otro siglo sobre los treinta de mi edad
y sentí la vibración milenaria de aquella
urbe hanseática portentosa, tan celebrada por
pintores y músicos, poetas, navegantes. Aún
oigo la trepidación de sus talleres y sus muelles /calles
y sigo andando por esas callecitas únicas; de la Plata
del Mercado al Ayuntamiento, y me fascina
el encuentro - yo diría fortuito - entre el ladrillo
de ese entonces y el acero flexible de este hoy.

Por otra parte, ¿cómo olvidar la belleza de esos
patios del XV y el XVI, el Museo de Ultramar, la
Catedral y sus 800 años, el Buque Escuela
Deutschland, el Weser que arrastra la sabiduría como
de todos los grandes ríos de la Tierra?

Así me llega la vaharada de lo remoto y de lo
próximo - la fundación y el genio de Günter Grass -,
el bellísimo discurso de Paul Celan cuando ese
Premio que hemos leído todos los poetas: "Los poemas
están en camino rumbo hacia algo, hacia el lenguaje
herido de realidad y buscando realidad".

Bremen y más Bremen. Me honro con recordar por
un instante a Vicente Pérez Rosales, progenitor de
nuestro Chile, visionario de veras, quien ideó la coloni-
zación del país y embarcó en Bremen a los
primeros contingentes de trabajadores alemanes (1848-
1860), quienes contribuyeron al crecimiento
del espíritu en el sur del Mundo.

Gonzalo Rojas

Faksimile der Widmung von Gonzalo Rojas «An meine Freunde der Bibliothek des Instituto Cervantes Bremen» (Siehe S. 14)

Anexo

Fotos personales
y bibliografía selecta

Anhang

Bilder zur Biographie
und ausgewählte Buchtitel

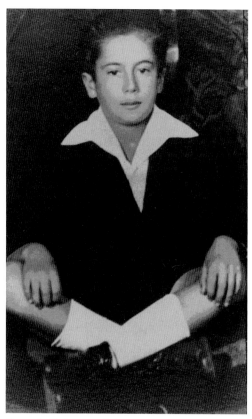

Gonzalo Rojas en el Seminario Conciliar de Concepción, 1929

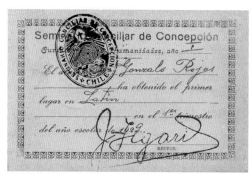

Gonzalo Rojas en el Seminario Conciliar de Concepción (boletín de notas de latín), 1929

Gonzalo Rojas a los 18 años en Iquique (Chile)

Gonzalo Rojas con María Mackenzie y Rodrigo Tomás, su primer hijo en Puerto Montt (Chile), 1944

Gonzalo Rojas en su casa de Valparaíso, 1948 (año de la publicación de *La Miseria del hombre*)

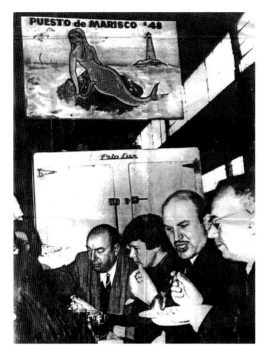

En esta foto inédita aparecen Matilde Urrutia de Neruda (semicubierta), Pablo Neruda, Carmen Rodríguez, Alejandro Rodríguez y Gonzalo Rojas en el Mercado de Concepción (Chile), 1962. La desaparición de Alejandro Rodríguez bajo la dictadura de Pinochet queda reflejada en el poema «Ningunos», de Gonzalo Rojas.

Gonzalo Rojas con Chou En Lai, Pekín, 1965

Gonzalo Rojas con Salvador Allende, La Habana, 1967

Gonzalo Rojas en su casa de Rostock (Alemania), 1974 (al fondo, la foto de Vicente Huidobro)

Pasaporte (Fremden-Pass) otorgado por la República Democrática de Alemania (DDR) a Gonzalo Rojas, 1976

Gonzalo Rojas con Hilda Rojas May, Salamanca (España), 1982

Gonzalo Rojas: texto y carta sobre Cortázar, del archivo personal de Rodrigo Rojas Mackenzie, 1984

Gonzalo Rojas impartiendo clases en la Universidad de Provo, Utah, 1986

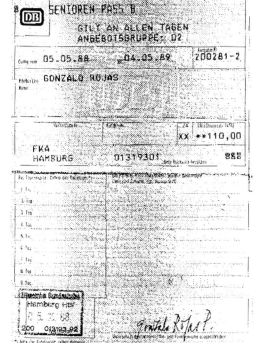

Gonzalo Rojas, durante su residencia en Berlín. Carné de jubilado de la Deutsche Bundesbahn (Senioren-Pass der DB), 1988

Gonzalo Rojas con Hilda Rojas May y SM la Reina de España, Dª Sofía, en la entrega del Premio Reina Sofía, 1992

Gonzalo Rojas en la Antártica (Chile), 1993

Gonzalo Rojas con SS.MM. los Reyes de España en la entrega del Premio Cervantes 2003 en la Universidad Alcalá de Henares

Gonzalo Rojas con Reiner Kornberger, su traductor al alemán, en Chillán, 1999.

Ausgewählte Buchtitel

La miseria del hombre. Pedraza, Carlos (il.). Valparaíso: Imprenta Roma, 1948.

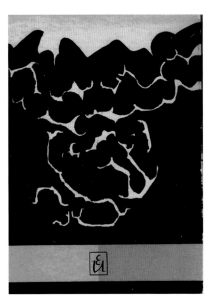

Contra la muerte. Escámez, Julio (il.). Santiago de Chile: Editorial Universitaria, 1964.

OSCURO / Gonzalo Rojas

Este volumen no es la frecuente antología en que un poeta reúne cronológicamente sus textos. Es cierto que contiene casi toda la obra poética de Gonzalo Rojas: sus dos libros publicados hasta ahora (*La miseria del hombre*, 1948; *Contra la muerte*, 1964), así como diversas piezas inéditas, entre ellas un deslumbrante conjunto de poemas de los últimos años. Pero es cierto también que toda esa producción se estructura acá de manera muy diferente. Estamos ante un libro que es —en palabras del propio autor— un "libro viejo y (un) libro nuevo al mismo tiempo, jugado en el juego fragmentario que nada tiene que ver con la dispersión" y que se trata "más bien en el aire de estas líneas de ofrecer una parte, sólo una parte, de ese ejercicio ciego pero incesante —larvario, tal vez— en tres de sus vertientes visibles que vienen manando desde la mocedad". Esas tres vertientes podrían ser definidas de la manera siguiente: la exploración del acto poético y de los poderes del lenguaje (*La relación entre el sentido y el sonido*); la pasión erótica y, por tanto, del cuerpo, así como la interrogación por su verdadera naturaleza (*¿Qué se ama cuando se ama?*), y el mundo de la temporalidad, ya sea personal o histórica (*Los días van tan rápidos*). Es decir, "el registro del tres en el uno del pensamiento poético", advierte el autor. Lo que esta reestructuración pone de relieve no es en ningún momento un mero propósito de ejercer a posteriori la coherencia, sino el signo de toda gran escritura: mostrar la fatalidad dentro del azar, la unidad dentro de la diversidad, la clarividencia dentro de la aventura ciega de la imaginación. Así, no dudamos que *Oscuro* habrá de revelar uno de los destinos más luminosos e igualmente necesarios de la actual poesía hispanoamericana.

Oscuro. Caracas: Monte Ávila Editores, 1977.

El alumbrado. Matta, Roberto (il.). Santiago de Chile: Ediciones Ganymedes, 1986.

Materia de testamento. Madrid: Hiperión, 1988.

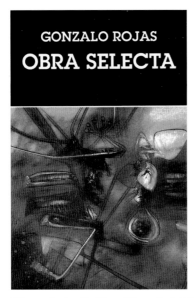

Obra selecta. Coddou, Marcelo (ed.). Caracas: Biblioteca Ayacucho: FCE, 1997.

Diálogo con Ovidio. Matta, Roberto (il.). México: Editorial Aldus, 1999.

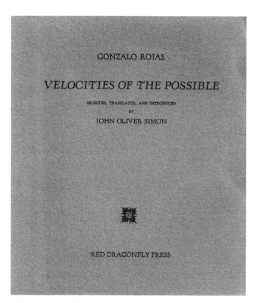

Velocities of the Possible. Simon, John O. (trad.). Minnesota: Red Dragonfly Press, 2000.

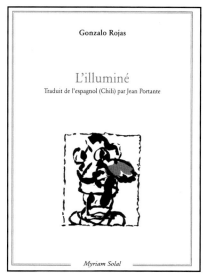 

L'illuminé. Portante, Jean (trad.). Paris: Myriam Solal Éditeur, 2003.

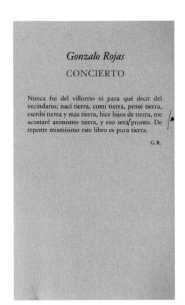

Concierto : antología poética. Vélez, Nicanor (sel. y pr.). Barcelona : Galaxia Gutemberg : Círculo de Lectores, 2004.

Mot Döden = Contra la muerte. Söderberg, Lasse (sel. y trad. al sueco). Malmö: Ed. Aura Latina, 2005.